imaginist

想象另一种可能

理
想
国

imaginist

另一片海

阿拉伯之春、欧债风暴与新自由主义之殇

张翠容 著

广西师范大学出版社

·桂林·

图书在版编目(CIP)数据

另一片海：阿拉伯之春、欧债风暴与新自由主义之殇 / 张翠容著 .
— 桂林：广西师范大学出版社，2015.1
ISBN 978-7-5495-5528-4
Ⅰ.①另… Ⅱ.①张… Ⅲ.①阿拉伯国家－国际问题－研究
②债务危机－研究－欧洲 Ⅳ.① D815 ② F835.059

中国版本图书馆 CIP 数据核字 (2014) 第 124311 号

广西师范大学出版社出版发行

桂林市中华路22号　邮政编码：541001
网址：www.bbtpress.com

出 版 人　何林夏
全国新华书店经销
发行热线：010-64284815
山东新华印刷厂 印刷

开本：670mm×960mm　1/16
印张：19.25　　字数：230 千字
2015年1月第1版　2015年1月第1次印刷
定价：42.00元

推荐序

地中海世界的变天

彭砺青

从《中东现场》到《另一片海》，张翠容的书写风格的确成熟了不少，她勾勒问题时更有深度，对各种政府、经济及社会现象的思考层次也更丰富了。这是一本刻画地中海两端变局的见证之书，作者要讨论南欧国民面对欧债危机时的反抗和北非的“阿拉伯之春”运动。这两起事件看似毫无关联，实则涉及更深层次的国际政治、金融问题。一如奈格里在《帝国》里说的，全球化的帝国没有疆界，没有“倚附理论”所谓的“中心”和“边陲”，因为每一个地方都可以是帝国的中心，每一起事件都是对全球资本主义体制的冲击。然而张翠容作为一位记者的现场纪事，又不能将个别问题一般化，以至失却了当地独有的文化背景。

近几年来发生的欧债危机固然是资本主义信贷过度膨胀引发主权负债的结果，而在北非独裁统治下发生社会革命的催化剂，则是美国近数十年来从政治到经济方面染指北非地缘政治及经济的负面作用，比如埃及这个被誉为北非新自由主义典范的国度，整个社会却在亲美的穆巴拉克统治下，一步一步走向贫富日益悬殊的境地，连军队也拥有自己的私人业务。突尼斯自布尔吉巴争取独立以来，一直走亲西方路线，直至总统本·阿里执政，他让突尼斯变成深受新自由主义国家欢迎的家族垄断企业。

与上世纪七十年代脱离独裁统治、加入欧共体的南欧国家相比，这些伊斯兰国家表面上一点也不西方，实质并无二致，它们同样处于西方世界的边陲，直到近代接受了西方政教分离的影响，但其政治同样染上了浓厚的家族色彩。对国际货币基金组织（IMF）言听计从，最终将国家开放让美国金融机构进行垄断。与埃及的贫富悬殊及突尼斯的家族垄断相比，希腊和西班牙也有同样深厚的保守反动背景，在长期处于独裁统治之后，不管是遗下的右翼政党和在革命后上台的左翼政党，都同样腐败、用人唯亲。正因为这些政府贪腐、独裁，惟听命于国际货币基金组织和美国金融机构，执政者向国际金融机构出卖国民利益以自肥，才会在全球金融资本体系中成为境况最悲惨的“边陲”。而新自由主义经济趋势亦连累大部分国民（尤其是年轻人）在转瞬间变为失业者，甚至成为无家可归者，亦因为生活无着，民众才会揭竿而起，反对贪腐而专制的政府。

面对欧债危机时，希腊、西班牙及葡萄牙等属于“欧猪四国”的民众，最初采取了街头抗议的方式，表达他们的苦况，继而采取各种新的经济生活方式，如在希腊有人以物易物，或成立地区自治组织，如以巴塞罗那为大本营的自治团体 15-M 运动。这些欧洲国家表面上遵循宪法，奉行议会民主制，不会像北非独裁政府那样镇压人民，但对于民众另觅经济秩序的行动亦不能容忍，如 15-M 在废弃建筑物为无家可归者所建立的据点不时遭到警察的滋扰。面对债务危机上升到主权层面，连中产阶级也无法幸免，然而富人和借贷机构却仍然受惠其中，令整个社会对其极度不满。希腊作家马卡里斯（Petros Markaris）的犯罪小说往往以金融危机和经济问题为题材，在他的《危机三部曲》中，第一部《过期信贷》就讲述一名连环杀手向借贷专家下手，而第二部 *Settlement* 则是连环杀手向逃税的富人下手，这虽是小说，却在一定程度上反映了民众对富人和借贷者的憎恨。而在西班牙，这些借贷银行甚至被比喻成最无情的吸血鬼，他们会扣押所有无法供楼者的房屋，即使供楼者无家可归，也会继续追债。事实上，这些欧洲金融机构与北非政府的独裁统治相比有过之而无不及。

张翠容是唯一不跟随主流报道、亲身走进现场，并尝试从阅读探索问题本质的香港记者；当然，即使博览群书，她亦无法避免那种“蜻蜓点水”的印象式描述，但从这份执著的努力中，读者仍可深深感受到作者对走进现场、让真相说话的坚持，以及隐然独立的人格。张翠容走进地中海周边各国，访问学者、政治领袖，也记录她与寻常百姓的生活片段。在这本书里，她访问的对象不单有马卡里斯这样的资深学者，也有希腊青年经济学家瓦鲁法科斯（Yanis Varoufakis）、希腊“直接民主”运动倡导者马高拉斯（Charalampos Magoulas）、西班牙传奇作家及经济学家桑贝德罗（Jose Sampedro）、埃及经济学家欧尼沙威（Ibrahim Elesawy），还有突尼斯新近冒起的政党领导人物。从不同的经济学家口中，读者大概可读到不同国家的背景及其经济问题的脉络。所谓“家家有本难念的经”，各自的问题固然有别，但大致上是一样的，从充满佛朗哥政权阴影的西班牙人民党、依赖美国经援军援统治的埃及总统穆巴拉克，到借助右翼军人独裁蹿升的右翼政客，他们的新自由主义政策背后都有着鲜明的 IMF 标志。当美国情报机关发现一向与他们合作的政府越来越众叛亲离，他们就转而支持年轻人从网络组织民主运动。当全世界的目光集中在开罗民众集会时，很少人会想到美国情报机关同样发挥着他们在“颜色革命”中发挥过的作用。

而北非民众的反抗最终并未带来政治或社会的变革，在突尼斯，贫穷的南方依旧贫穷，在东北部，富人们依旧生活在海滨酒店的世界里。北非的政治变革也释放了伊斯兰主义政党，在北非世俗化国家中，这些政党在几十年间受尽政府打压或边缘化对待，现在一跃而成为执政党，尽管他们信誓旦旦尊重妇女权利及议会民主制度，可是昔日的形象不免教人提防。更关键的是，无论是谁执政，西方国家及其金融机构都会重新与其合作以拓展自身利益。当然，我们不能单纯地归咎于美国金融—军事霸权的影响，每一国际事件背后都有复杂的文化、地缘政治、经济等脉络，但与张翠容早期写作相比，她无疑已突破了单向思考的囿限。

张翠容很欣赏的波兰记者暨作家卡普钦斯基，在其晚年作品《与希罗多德一起旅行》中，卡氏自承深受希罗多德影响。希罗多德那种追本寻源、旁观角度的历史书写，虽不乏道听途说之嫌，却以旅行家身份亲赴各地，以外来人角度，从人们的片言只语中寻找历史的脉络。如果说希罗多德的《历史》有其隐藏主题的话，那么《另一片海》的主题就很明显：作者要思考何为“全球化”，为何它总蕴含了新自由主义的种种承诺，到头来却是失落的幻象，全球化作为新自由主义的重头戏，原来展示出全球的经济荣景，却为何借此幻象来欺骗那百分之九十九的人们，去喂饱那余下的百分之一，即使控诉人性中的贪、嗔、痴也不能回答整个问题。在本书中，张翠容希冀完成一直没展开的理论探索，如勾勒出大卫·哈维在《新自由主义简史》中的重点，回到中国大陆和港台经验（尤其是一向以自由主义桥头堡自居的香港），还有简单梳理欧洲一体化与美国融资计划的关系等等。对于一心想寻求答案的读者来说，这些论述未必使人满意，但对香港这座从未反思过全球化的城市来说，还是多少有些革新思想的意义。

历史学家布罗岱尔以地中海世界而不是一国一族作为历史研究的单元，对他来说，地中海无疑是迷人的：她是多民族、多国度进行贸易及文化交流的舞台，可是自从远方的大西洋世界崛起以后，地中海世界就衰落了，到了二十世纪它甚至成为全球资本主义体系的边陲。如今，作为美国金融海啸最大余波的欧债危机和"阿拉伯之春"，都发生在这里。到底"地中海的变天"会造就另一种"春天"，还是给世界带来"冬天"，目前无人能够预见。但地中海世界的衰颓和革命，恰好作为新自由主义全球化的警号，而发生在地中海诸国的民主经验，如直接民主运动、15-M、埃及民众的反抗等，也值得全球不满新自由主义的人们去学习。而不管是何种民主，正如作者说的，民主只是达致平等、自由、博爱、正义等理想的工具，这些政治目标比那些政体或经济制度更为远大。

自序

旅程结束，也是开始

> 旅程，与电影制作，都应该将我们引领到从未到过的地方。
>
> ——安哲罗普洛斯

我第一次真正进行国际采访，竟然就是受希腊电影大师安哲罗普洛斯所启发。

安哲罗普洛斯的《尤利西斯的凝望》(*Ulysses' Gaze*)，直望至巴尔干半岛的悲剧，那是第一次世界大战的爆发地，它不单是欧洲的悲剧，也是世界的悲剧，属于我们的悲剧。每个人都可以用自己的方式介入社会，大导演以镜头的凝望介入世界，那么，记者呢？看完《尤利西斯的凝望》，我不禁自问，可否给我一个凝望世界的机会，而且直至灵魂最深处。

我毅然背起行囊，开展我的采访旅程，正如安哲罗普洛斯说的，把观众／读者引领到从未到过的地方。在此，容我多加一句：思考未曾真正思考过的问题。而我第一次踏足烽火之地，竟然也是巴尔干，1999 年的科索沃。

自此，我一直以旅行采访的方式，希望深入是非之地或争议的现场，把为人所忽略、误读甚至主流媒体以外的故事，带给读者。可是，我没有受雇于任何大媒体，就以自由身的身份，背着背囊，孤身奔赴各新闻热点以及受冷待的地方。这意味着旅途上一切事宜（包括经费）都得靠自己一人打点，个中滋味不足为外人道。国际新闻的第一线记者多风险，但大媒体的全职记者至少还有较多的紧急援助管道，而作为独立的自由记者，遭遇到任何情况，都必须自行设法解决，有时需要机警，有时需要拿出勇气，危险加身时则必须夺命狂奔。

有一次，当我告诉一位生活优越的友人，我如何在物资缺乏下独自完成我的旅行采访时，她惊讶之余，希望我也能与年轻人分享面对逆境的经验。近年有不少励志的书籍涌现，都是企图为那些处于人生低潮或遭逢不幸的朋友，点燃一盏明灯，而书中所描述的逆境，大多不是主观意愿所造成。可是，我的“逆境”却可算是“自作自受”。我想，没有太多人会相信我经常自费出外采访，浪漫背后原来是沉重的代价。

香港传媒很少派记者参与国际新闻现场报道，外国传媒不会看上华人记者，除非是与华人黑社会有关的国际瞩目的跨国犯罪事件，例如人蛇偷运等。结果，为求满足对这世界的好奇心，唯一的方法便是“贵客自付”。

我向友人笑说，做一个背囊旅客已够艰苦，再加上繁复的采访工作，真是难上加难，我姑且称此类记者为“背囊记者”。但我更喜欢称为“独立记者”。

千山我独行，不必相送。

就这样，独立记者在紧绌的资源下，带着一腔热诚和理想飞向广阔的天空。

在踏上征途之前，我会一如其他背囊旅客，首先收集有关目的地的基本资料：衣、食、住、行，特别在住宿方面，必须在预算之内，以确保不会超支。换言之，在旅途上，我也得是一位善于理财的管家。与此同时，我还得好好准备采访的工作，例如阅读大量的历史背景材料，时刻留意新闻事态进展，以及安排访问事宜和进行有关联系等。

不过，最重要的，还是要为文章寻找发表的地方。我曾为以意大利罗马作基地的IPS（Inter Press Service）撰写文章，这个通讯社强调雇请当地记者报道当地事务，推动新闻角度多元化，并较倾向同情第三世界，被视作为第三世界发言的最大通讯社。而我则以亚洲人采访亚洲事务为理据，开始为IPS跑到越南、柬埔寨、老挝、印尼、新加坡、马来西亚和泰国；也曾替英国广播公司电台报道中国香港、欧洲和中亚事务，后来集中向大陆和港台报刊供稿。只是，当中不无挫折。

国际新闻，浩瀚如烟，但对不少香港编辑而言，他们只找一个角度，就是寻找与华人有关的故事。在此，我想起一个非常典型的例子。1999年10月我在某报专栏报道了有华裔血统的东帝汶独立派领袖黎发芳来港访问的消息，由于他的华人背景，香港某周刊记者表示有兴趣做一个专访，我建议她参加由黎发芳主讲的研讨会，会后留步再与他进行个人访问，怎知研讨会还未完结，该记者与同行的摄影记者已消失得无影无踪。后来，该周刊记者解释，她看到黎发芳肤色黑黑的，外貌像印度人多于华人，便打消了访问的念头，她还强调说："要知道，我们周刊只对华人有兴趣，这包括连外貌也要是十足华人模样的。"这种褊狭的新闻态度，实在令人啼笑皆非。然而，这类让我沮丧的经验和遭遇，俯拾皆是。

早在 1994 年，一位古巴朋友来信表示，可以应我要求安排专访他们的总统卡斯特罗，这个要求是我在 1991 年采访古巴时提出的。作为世界上仅存的第一代革命家，又是美洲国家中唯一的共产党领导人，长期与美国对抗的具争议性国际级人物，卡斯特罗如何面对苏联和东欧的巨变，应是国际关注的新闻素材。“这是你的兴趣，与华人有何关联？请先去采访部问问同事们，有谁认识他？如果有三个以上，我准许你到古巴采访卡斯特罗。”总编辑如此这般对我说，语气中带着无奈。结果，没有一个同事准确答出卡斯特罗是古巴的总统，他们倒有兴趣知道古巴在世界地图上的地理位置。

后来，我又向总编辑建议，在周刊内推介一本非常特别的日记，当时为 1994 年年初，一位年仅十一岁的波斯尼亚女童 Zlata，成功逃到美国，把她在萨拉热窝写下的日记结集出书，名为 *Zlata's Diary*，日记里呈现了孩童眼中的战争世界，从家庭到学校、从邻家的小狗到军人叔叔，动乱中的日常生活细节，惶恐里不失天真。总编辑很快把书退回给我，一脸严肃，说：“谁会知道萨拉热窝在哪里？会有共鸣吗？”这或许是对的，波斯尼亚战事在华人的经验中牵动不起一丝涟漪，正所谓：事不关己，己不劳心。

华人新闻观点，大概就是从华人的利益角度去看问题，凡是与华人利益无关的，便不需要深究了。我想，这种看法，至少在香港新闻界中，是一种主流。至于台湾传媒的国际新闻版，除了华人角度外，便是美国角度了。因此，当北约于 1999 年 3 月底展开对南斯拉夫的轰炸，我计划前往巴尔干地区采访，本来是一腔热情向某大报国际版编辑提出以日记形式，撰稿报道战事情况，谁料该编辑以冷淡的态度回应："我们每天所收到的相关新闻电讯稿件，犹如排山倒海，我想，即使你亲临现场，也不会比外国通讯社做得更好。"一盆冷水从头淋下。对该编辑而言，科索沃问题是属于欧洲的，国际版编辑的角色就是翻译外电，干吗自找麻烦安插额外稿件呢，何况还要支出稿费！

《香港经济日报》副刊主编对我的处境有点同情，安慰说："如果我是老板，一定会采用你的稿件，但现在这也不是没有可能的，只要你能在该地区找一些华人故事，便可在副刊刊登。"我终于为我的稿件在香港传媒找到了第一个发表地，并且取得相对合理的稿酬，算是异数！在我的采访中，也由此出现一个又一个的华人故事。

这些华人故事存在于主流国际新闻的边缘，却是香港传媒了解世界的动力，这即是说：我们可能对中东的宗教纠纷表现冷漠，但对处于狭缝中挣扎的当地华人表示关心，也由此对那些华人所身处的社会，有多一点的认识；印尼亦是其中一个好例子，如果不是发生 1998 年 5 月暴动，华人妇女惨被奸杀，我们亦不会太留意印尼的民主进程。只可惜，当香港传媒乃至其他中文传媒发现，互联网上所刊载的妇女受虐杀图片原来大部分为东帝汶妇女之后，却没有把焦点放在东帝汶。

这就是所谓的华人角度！角度决定了故事的取舍，以及优先的次序，同时也反映着关注的焦点。那么，华人的新闻观点又是如何呢？这是我一直在思考的问题。新加坡资政李光耀经常强调亚洲价值观，而亚洲的新闻界亦开始酝酿带出新闻报道中的亚洲观点，以抗衡西方观点，而中国大陆也把"中国观点"挂在口边，第三世界国家则指出第三世界观点的重要性。至于"西方观点"又如何？坦白说，西方观点即指美国观点。毫无疑问，我们所指的观点，除了牵涉利益角度外，也包含价值判断。

在此，我们可能应当返回新闻学最基本的一个命题：新闻应否有观点？在中国大陆，传媒是党和政府的喉舌，人所共知，新闻的角度当然要反映党和政府的观点。另一方面，作为自由世界护舰的美国传媒，对于国内的新闻事件以至政府的国内政策，可以呱啦呱啦，态度十分尖锐，但一触及美国的外交政策，却似乎要统一口径，例如美国在中南美洲的角色、波斯湾战争、北约的"人道干预"。记得1999年在伦敦的英国广播公司接受一项广播新闻训练课程时，导师指出报道海外新闻必须以国家利益为依归，并明确写在采访守则内。因此，当我们谈论新闻观点，其实就是利益价值的判断，美国观点就是从美国利益出发、欧洲观点就是欧洲利益出发、中国观点就是从中国利益出发，如此而已。

国际级（或国家级）的报纸杂志指派驻海外的记者，也就必须要合乎他们所谓"政治正确"的标准，这个标准因不同机构而定。正由于此，他们大多只会在总部调派"自己人"担当海外办事处的负责人，很少聘用当地人坐上这位置。这说明一点，观点是主观的，明显与客观的新闻报道原则相违背，至少太强调观点，新闻真相难以呈现出来，充其量只是按某一利益价值重新塑造事件的表象，甚至简单化事件而已。

我经常在想，简单化事情本质的企图，是一种对历史的失忆，又或逃避，逃避历史的杀伤力，然后再用某一种价值观的美丽外衣包装起来，去合理化、去让人相信，这姑且称之为"隐藏的议程"（请参考John Pilger，*Hidden Agendas*）。其实，记者的职责就是把这些隐藏的议程挖掘出来，拨开云雾，让读者更贴近真相，无需执著于华人的观点，或是美国的观点。

当中文传媒工作者关心华人处境之余，也关心世界，跑到前线，掌握真相，诠释真相。这样才可以有我们的分析，有我们的思考。在此，我想起一位知名的波兰记者：雷沙德·卡普钦斯基（Ryszard Kapuscinski），他的报道迥异于官方媒体，以人性的角度出发，不带任何预设的观点，不作主观的判断，他只对人、事、物静静观察，采取抽离的态度。他曾说过：

> 当我在第三世界国家的时候，我通常都很审慎，几乎不错过任何一个记者会，但是我从来不问问题，情愿让别人去问那些问题。有时，我会在一些城镇走上一整天，但决不主动与别人交谈，我只是去看、去听、去感觉。在一般情况下，我宁愿让别人来与我谈话，这由于我不想去强迫或改变外间的情况，对方也许会说一些话，也许什么都不说，不过这不会让我觉得失望，因为他可能本来就没有什么好说。

卡普钦斯基的采访手法明显与那些西方明星记者不一样，他不会提出尖锐难缠的问题，也不会只顾埋首奋笔疾书记录答案，他相信只要用眼睛和心去看，就能看清这个世界上很多事情。他的作风虽然不符合西方新闻工作者的标准，但具有自己独特的思考方式，并且绝对是一个负责任的记者，堪称新闻工作者的典范。事实上，他冷静客观而又富浓厚人文色彩的报道，已令他在国际上享负盛名。他在萨尔瓦多的一篇报道，一篇有关该地早期游击队领袖哥梅兹遭枪决的经过，一如其标题："让我们看，让我们思考"。如果采访要有角度的话，那就是广阔的人文关怀胸襟，一针见血地抓到问题的核心，让读者看，让读者思考。

因此，我无意去弄什么“东方观点”或“华人观点”，如果记者需要有观点去理解新闻的来龙去脉的话，我希望将一切都归零到“人的观点”，而且没有预设立场，即使有，也是基于事实基础上的立场。如是者，欧美的新闻机构虽然财雄势大，他们永远都有一大堆记者在外头跑；可是，那些自由身记者，自告奋勇，跑遍各地，他们好像很清楚该到什么地方去，当世界上有不寻常的事发生，他们都会在现场采访，报道第一，报酬第二。少了一重束缚，多了一份自由，而他们的报道比大机构记者往往来得有角度。

“衣带渐宽终不悔，为伊消得人憔悴。”

我想，对世界的好奇心会很容易推使一个人当上记者，一旦当上记者，就好像学者追寻学问，都会变得锲而不舍，在所不计。一如卡普钦斯基，还有其他的驻外记者，踏尽天涯路，跻身于无数的新闻风景中心，只担当旁观者，是不是有点不道德？这个问题经常在我脑海出现，特别是人在旅途中时。“我为什么而来？”当我迷失于旅途上，那是最好的扪心自问。

美国知名作家苏珊·桑塔格（Susan Sontag）便曾在战乱时期多次探访波斯尼亚首都萨拉热窝，并在当地上演法国剧作家贝克特（Samuel Beckett）的《等待戈多》，引来外界议论纷纷。桑塔格解释说，由于在数次的探访中，她对于这个饱受蹂躏的城市和她所代表的一切，产生了热切的关怀。她表示：“我不能再次成为一个目击者，只是会面、探访、怕得发抖、感到勇敢、觉得颓丧、参与令人心酸的谈话、变得更愤怒、体重减轻。如果我再回去，应该是投入去做一些事情。”因此，桑塔选择了文学和剧场，她相信当地人会因为他们的现实感受被艺术所确认并以另一种形式呈现，而感到坚强及安慰。“文化，在任何地方的严肃文化，都是人类尊严的表达。”桑塔如是说。

结果，戈多先生的信差来到，至于戈多先生呢？信差重复再重复一个似乎永不兑现的口讯：明天会来吧！台上的表演者听后开始落泪，台下观众默言无语，有人跟着啜泣。剧场外来了一阵枪击声，坦克在街上隆隆驶过。这幅景象一直如此真实地存在于我的脑海中，作家选择“投入去做一些事情”，那记者又可以做些什么？

直到 1999 年 4 月，前南斯拉夫的另一块土地科索沃再向世人展示仇恨的血腥，北约空袭南斯拉夫；在香港这边，正好在国际电影节中上演希腊导演安哲罗普洛斯的一系列巴尔干电影，其中《尤利西斯的凝望》以最丰富的电影艺术语言，勾画出一个地区和一个时代的不幸。片中主角为了寻找先人失落了的电影胶卷，走遍巴尔干地区，从罗马尼亚到波斯尼亚，亲身经历阻隔，目睹流徙与战火。正如安哲罗普洛斯向外界表示：“所有的电影都是全新的旅程，每回我动身踏上电影之旅，都学到或看见未亲自接触过的东西。但这些旅程，穿越历史、穿越地貌，也拥抱从爱欲到仇恨和战争等人类情感。”

安哲罗普洛斯的电影之所以能够触动观众已死的感觉，我想，这是由于人类原本是一个大家庭，拥有共同的感情，艺术让我们更为贴近。台湾作家陈映真曾向我说，如果想写作有进步，请多看电影。我认为，无论电影还是文学，都是记者必修的感性之旅，亦是新闻触角的启发源头。正由于有了桑塔格和安哲罗普洛斯的作品，巴尔干半岛变得不再遥远了。1999 年 5 月，当北约轰炸南斯拉夫之际，我毅然抛开近乎泛滥的外电报道，亲往巴尔干看个究竟，只希望让读者可以一如亲临现场观察，纵横交错地了解这一个陌生地区的遭遇。

一个记者的任务，也是最重大的任务，就是将消息和其复杂的背景说出去。记者不是医生，也不是社工，更不是救世主；能做到的，就是让人知道，让人思考。东帝汶自1975年以来所发生的暴行，世人一直所知不详；当二十世纪六七十年代上千名记者挤在西贡采访越战时，却让隔壁的柬埔寨战事偷偷进行；埃塞俄比亚发生严重饥荒之始，只有丁布尔比(J. Dimbleby)报道，以致令他质问：记者同僚，你们去了哪里？

记者要能跑，也要愿意跑，并要有洞烛先机的本领，这就是知道该到什么地方去。波兰同行面对卡普钦斯基，便经常慨叹："真要命，不知他现在又到哪个地方去了？"事实上，卡普钦斯基曾这样说过："我必须要旅行，这是我唯一可以活下去的方式，只有在路上，我的脑筋才会转动，一旦坐下来，我的脑袋就变得一片空白。"

《远东经济评论》的东南亚特派员奈特·塞耶(Nate Thayer)，入行之初，原来亦只是身无一文的背囊记者。某天突发奇想，辞掉工作，向妈妈借了一万五千美元，背上背囊，跑到泰国曼谷开始尝试记者的生涯，以自由撰稿性质为多家报纸作东南亚报道。塞耶的足迹遍及东南亚蛮荒之地，其中花了不少时间在泰柬边境和柬越边境，进行高风险的采访，在鬼门关外走过十六次，曾经历严重疟疾、脑膜炎、断骨和烧伤，不知是不是因为他那惊人的意志力，最后竟然又生存过来；并且成为红色高棉与外部世界接触的中间人，让他得以把隐没了十八年的红色高棉领袖波尔布特带到读者面前，报道了他在隐蔽丛林里所受到的"文革式"人民公审，直到最后他的逝世，都一一作出独家报道，重新唤醒世人本已遗忘掉的记忆，一宗令人类、历史蒙羞的暴行悲剧。

塞耶的报道让事件客观伫立，不再暗晦不明，同时也展示出，在他疯狂行为的背后，是一种对职责的承担，在困苦中有所关切、悲恻和不安。对我而言，旅程经常会改变既定的认知，它犹如让我看见灿烂火光之际，也听见其中惨叫呼号的声音，还有火光的背后，原来是一幅国际政治的诡秘图像。

为什么东帝汶的故事一直被埋藏于传媒的报道之中？柬埔寨战事为何受到忽视？美国在第一次波斯湾战争后采取间歇性轰炸的“低调攻击”下的伊拉克老百姓，又如何成为“Unpeople”（引不起关注的人群）？当一位记者拿起笔来报道这一切，他已不再是旁观者，而是一种“介入”，只是介入的方式不同而已。有些人永远质疑记者的工作，但我相信，记者自有改变世界的角色。而旅程往往让记者在“正常”报道以外，发掘出一些人和事，一些有关在狂暴地挣扎生存过后，等待新生的Unpeople’s Story，正是这些故事，为记者和读者留下一个思考的空间。

原来，一段旅程的终结竟也是另一段旅程的开始。罗伯特·卡普兰（Robert D. Kaplan）说：“这趟旅行的开始，我很天真，我不知道答案会不会在一个人继续旅行的时候消失，还是随着旅行继续只会更加复杂，而且还有更多的相互关联，以及更多的问题。”就这样，我探索世界的旅程没法停下来。从东南亚的民主进程，到南亚的派系冲突、西方眼中的“邪恶轴心”阿富汗和伊朗，再走进烽火不断的中东地区，然后南下采访拉丁美洲的“二十一世纪社会主义革命”，并分别写成多本著作；直到2011年，我有机会再回到欧洲，这次是沿着地中海的南欧国家，在此之前我已多番探访过其对岸的突尼斯和埃及，北非革命的爆发点。

想不到，在希腊首都雅典，1999年我曾访寻的安哲罗普洛斯，十二年之后，我终于与他相遇，他当时忙于拍摄新作《另一片海》（*The Other Sea*），他对 2008 年金融海啸所掀起的地中海波涛，另有一番思考。可惜的是，新作未完他却碰上交通意外，永别尘世，留下茫茫一片大海。人们如失方向，继续拷问，春去冬来，一片寒意；远方，如雾迷蒙。我在迷雾中游走，凝望另一片海，坚持写下一页又一页的报道观察，这关乎地中海，也关乎我们在全球化下的共同体。

虽然金融海啸已过了一段时间，但即使到了 2014 年，问题仍在；欧美无法放弃量化宽松，欧盟更要加大之。是经济，亦是政治；不过，我所关注的，还有平民百姓在危机中如何度过每一天。在主流媒体论述之外，那些“Unpeople”的故事，他们或气馁认命，或不甘心，又或深切反省，民主与自由，跟着振臂一呼，但那一片海里暗流涌动，仍然一波波推进，冲向我们。我们要怎样回应？相信不至于隔岸犹唱后庭花吧！

在纷扰的时代，我经常警惕自己，独立记者跨过几许困难，坚守作出独立的记录和书写，更见重要。在孤独身影的背后，不乏后来者。正如钱穆所说：

> 手空空，无一物，路遥遥，无止境，
> 乱离中，流浪里，饿我体肤劳我精，
> 艰险我奋进，困乏我多情，千斤担子两肩挑，
> 趁青春，结队向前行……

前言

人类的原罪，贪嗔痴过后

“这个庭院是空荡的，本来心想，自己来到了一个既没有记忆，也没有任何他物的地方……在夏日的阳光，一派寂静……”

这是三岛由纪夫剖腹前在遗作《丰饶之海》最后一章的最后一段话。这令我想到马尔克斯的《百年孤独》，以及曹雪芹的《红楼梦》，两本伟大的著作竟然有类似的结局——一派寂静。《百年孤独》的结局是，书中谈及的整个家族都消失了，因为被判定孤寂百年的家族在地球上是没有第二次机会的。然后天苍苍、野茫茫，一丝痕迹也没有留下，连记忆也没有。《红楼梦》的大观园由盛至衰，几许繁荣，多少哀愁，都随着贾宝玉扬起的出家袍而悄然成为过去，最后落得茫茫大地一片寂静。

这情景让我联想到无边无际的荒凉之地，任何生物都无法生存过来，有的是风在无力地吹着，草在无力地晃动着。我们再也记不起这里曾经发生过什么事情。寂静得空荡，空荡得孤独，孤独得可怕。或许这才令我们领会到深深的悲痛与无奈。

我在伊拉克南部巴士拉也曾身处于此一景象。那是与科威特接壤的边境地区。该地在2001年第一次波斯湾战争中有过残酷的交战，但死了多少人，死的是哪些人，却无从得知。留下来的只是几辆残破的坦克，见证着天地之间的荒谬孤寂。由于属辐射区(受贫铀弹贻害)，生人勿近，蛇蚁也难偷生。

我曾经怀疑，我们一步一步迈向的世界尽头之处，就是如此，一派寂静。

事实上，自二十一世纪开始，“末日论”甚嚣尘上，特别是2012年12月21日，这个令我们疑惑的日子，虽已经过去，但过去几年天摇地撼的危机，接踵而来，从金融海啸到日本福岛核泄露灾难，以及欧债对民生、社会的致命伤害，还有非洲的饥饿骚乱、埃博拉病毒等，都足以令我们如置身于末日境况。

2010年12月27日，一名北非突尼斯小贩以自焚来抗议政治之不义、经济之不公、生活之疾苦，一把火不仅把整个阿拉伯地区燃点起来，同时也让深陷债务缠绕的欧洲人，来了一场觉醒运动，美国人的矛头更直指华尔街，高呼受够了！占领金融地标的行动，漫延全球。

地中海两岸的躁动，同是发生在2008年由美国开始所引爆的全球金融海啸之后，这随即亦暴露了正在世界上演的一场静默大屠杀：高失业、高通胀，还有政治与经济的欺诈，社会的百分之一如何向百分之九十九进行财富掠夺，从发达国家到发展中地区，无论是民主国家还是独裁政权，无一幸免。

想不到，当2011年初北非连续发生多场革命，大家期待阿拉伯地区春天来临之际，寒风却骤然而至。中东多个地方血腥冲突未停，叙利亚内战似没有尽头，伊斯兰主义的崛起令不少人惊讶；而占领行动的声势亦逐渐远去，欧洲人继续深受削减赤字打击，并再次滋长出法西斯式的民族情绪；美国就像染上毒瘾一样不断印钞来掩盖问题。

金融海啸发生后至今，西方及新兴国家的股票市场，似乎逐渐重拾升轨，欧洲复苏数据看来也有点起色，问题是，这些现象有扎实的基础，还是只建立在浮沙之上？与此同时，我们不要忘记，所谓的实体经济其实没有一点进展，欧洲各国的债务问题亦没有真正的解决，欧美继续实行量化甚至加大量化宽松政策；全球仍然面对高失业、高通胀、贫穷化、粮食短缺、气候变迁等困扰。这剧目将于何时，以何种方式收场却仍未可预见。

专家学者对此苦苦思量，记者企图寻根问底。可笑的是，也正是专家学者和记者，误导了我们对世界的认知。我在雅典专访雅典大学知名经济学教授瓦鲁法科斯时，他便认为近年金融危机，经济学家的确难辞其咎。

他举了个例子，说，当地震发生时，地质学家会马上采用科技探测原因，收集数据，然后向外解释。我们或许一样质问地质学家的预警能力，但这始终涉及大自然的力量，只要大家汲取教训，提高探测技术，进一步了解及预防天然灾害的发生，那么，我们便不会太过责备地质学家。这是科学的态度，而地质学也确实是一门科学。可是，经济学则不同，它早已成为一种宗教，又或有关人等特意把经济学从科学变成宗教，促使大家去膜拜。瓦鲁法科斯说，过去二十多年来，世界视自由市场为民主必备的条件。可是，这两者其实没有必然的关系，反之，如果资本不受控制，它倒头来可以与大众利益作对，破坏民主。

自由市场本该有其可取之处，但目前流行的自由市场论，可以总结为近年引起极大争议的新自由主义（详见本书第六章介绍）。它虽然与我们生活息息相关，但它所受到的广泛讨论，也只局限于学术界和社运圈。主流媒体，尤其华文媒体，仍没有真正的讨论，又或很快便将之陷入意识形态的泥沼，难于以事论事，令一般老百姓也无法解读所身处的危机，只能随波逐流。

不过，有学者仍坚称新自由主义只是纯粹的经济学理念，并指原本可作为促进经济繁荣的一种经济手段，在西方成功而在一些发展中国家失败了，乃是由于后者的政治制度、历史、文化、地理位置、人口构成等不配合，令新自由主义无法开花结果云云。[1]

可是，如果一个理论，需要有这么多预设条件，就好像一位医生不断推销一种新手术，却不是可以应用在每一位患有相同疾病的病人身上，那么，这种手术还算不算是可行和成功的手术？只叹我们对政治经济学实在缺乏认知，容易受误导。即使查看维基百科，新自由主义亦很清楚被归纳为一种政治经济哲学，这学说反对国家对国内经济进行干预，倡议政府减少甚至取消对商业行为的管制。在外交政策上，新自由主义支持政府利用经济、外交压力或军事介入等政治手段，来打通国外市场，并协助推动以跨国资本为主导的国际自由贸易，和国际性的劳动分工，从中可看到新自由主义同时也是一种政治理念，必须有政治作推手与护航，才能起作用。

此外，新自由主义也主张非经济领域市场化、私有化，例如文化事务、教育、医疗以及与民生有关的公共服务等。因此，这也是为什么我会认为新自由主义与我们息息相关。就如其他的主义一样，一旦成为国家层次的主导思维和政策，便会潜移默化地塑造我们的价值和

[1] 刘瑜：《新自由主义的命运两重天》，《南方周末》2008 年 6 月 12 日。

生活形态。

至于新自由主义无罪论，罪在政治制度不配合，这论调更是站不住脚了。如今新自由主义的危机，就是从发达的西方民主国家开始，从自由放任的美国，到福利主义的欧洲，燃起熊熊烈火，一些发展中国家也一并跌进火海里。

与欧美在制度、信仰、文化、历史、人口结构完全不同的北非和阿拉伯地区，亦随之动荡不安。至少牵头带出革命的两个北非国家：突尼斯和埃及，媒体说这完全是一个有关独裁的政治问题，但当我在现场采访时，当地人民却表示，除了反抗独裁政治剥夺了他们的自由发声外，他们所反抗的还有金权政治所带来的经济不公，民不聊生，遂振臂一呼，要夺回被剥削的自由与尊严。

他们的诉求，与深受金融危机困扰的欧洲人何其相似?！金融独裁与政治独裁说穿了有何不同?

最叫人深思的，即使过去享受高增长的以色列，这个被视为中东唯一的民主国家，这两年街头一样出现大小规模的示威行动，他们首次高呼要求经济和社会正义。原来，近年以色列的贫富差距、官商合谋愈益严重，与欧债国家相比，不遑多让。

哪里出了错?不管是美国，欧洲，又或北非的埃及和突尼斯，甚至亚洲国家，无论是民主或独裁体制，新自由主义都带来了相类似的危机。金融全球化令我们远离实体生产，迈向泡沫经济和大债时代。

在危机中，欧洲新纳粹抬头不容忽视，而在后革命时代的北非国家，过去一直进行地下福利服务的伊斯兰主义组织，特别是极保守的萨拉菲派，竟堂而皇之透过民主选举登进权力核心。外界摸不着头脑，怎么没有内部民主的伊斯兰主义组织，却能尽享革命红利?阿拉伯世界的专制，固然值得反思；但，在欧美，民主又是怎么一回事？过去一味只用经济增长来衡量成功与失败，这是否因而令我们漠视了潜藏的问题，使得新的独裁有机可乘？

有趣的是，国际主流媒体在此次金融危机和北非革命中的角色，可堪玩味。在它们的报道下，欧债爆发全由于福利主义之错[1]，北非动荡全因为没有民主之过，因此，媒体也跟着所谓专家和欧盟高层走，“欧猪国家”[2]必须削减赤字；就中东地区的冲突，更是顺水推舟来个一刀切，把那些只顾夺权而靠拢西方的武装反对派，也一律称为民主斗士。即使代表阿拉伯声音的半岛电视台，报道阿拉伯革命，明显地也跟着祖家卡塔尔的外交利益走。一名半岛电视台记者私下向我表示，他们就是有这么一条指引，报道必须配合卡塔尔在中东地区的外交政策。

究竟还有多少媒体背负着隐藏的议程，与政商利益捆绑在一起？

不过，独立媒体的兴起，却又成为商业媒体以外的另一道风景。[3]二十一世纪的政治与经济之战，其实也是一场媒体的战争。

我带着上述的种种疑问，再次踏上旅程，就好像捉了一个失了线

---

[1] 经济合作与发展组织的一项研究统计了成员国的失业者拿到的失业福利所占的原工资比例。仅看欧洲，西北欧如丹麦、瑞士、芬兰、挪威、荷兰、瑞典、卢森堡等，皆占 70%；奥地利、比利时、德国、英国、法国，也有 60%；至于南欧的西班牙，占不到 50%，意大利仅占 10% 以下，至于希腊，也不到 25%。但调查发现，失业福利好的国家，再就业率反而比较高，而失业福利占原工资偏低的国家，却处于欧洲最为深重的债务危机中。如果以此检视福利是否养懒人的话，结论似乎要颠倒过来。

[2] “欧猪”中的“猪”（PIGS）乃是葡萄牙（Portugal）、爱尔兰（Ireland）和意大利（Italy）、希腊（Greece）、西班牙（Spain）几个深陷债务欧洲国家的英文名称缩写。

[3] 独立媒体指没有商业资金背景，只靠大众小额捐献维持营运的媒体，有以推动社运为目的，如台湾的苦劳网 www.coolloud.org.tw，香港的“独立媒体”www.inmediahk.net；也有以推动新闻独立专业精神为目的，如美国的“现在就民主”www.democracynow.org，以及现在流行的公民记者，一般活跃于社交媒体（social media）。此外，也有受跨国财团以基金会形式赞助的公民媒体，这则比较复杂和具争议性。

的毛冷球，在暴风眼的地中海国家现场（地中海以北的南欧和地中海以南的北非），不断把那一条毛线拉呀拉，拉扯出不一样的故事，这包括民间社会如何回应，这都是主流报道鲜少有关注的。

事实上，在整个采访旅程中，最令我印象难忘的，就是危机固然释出了负面的能量，但仍有不少人没有失去改变命运的期盼，而在不断拷问中带来种种的创意和可能性，我姑且称之为绝望者的希望（the hope of the hopeless），我感到责无旁贷，一一去记录之。

我当然不敢说，我站在现场，便能综观事实的全部，但至少是另一个面向，让大家跳出既有的思维，去想一想，那一个背后更大的图像，需要继续探索，而我们也应当明白的是，在全球一体下，发生在地中海两岸的这些故事，有多少亦是我们当下的处境？况且还有这么一条长长的毛线，隐隐地，也的确把我们的命运一同拉扯在一起。

不过，我奇怪的是，飓风来临前究竟是否有过预警，只是我们未有察觉，还是杀我们一个措手不及，令我们人仰马翻；而风吹之后是雨过天晴，还是血腥一片，而世界走到尽头将会以何种方式展现？2012 这个诡秘的马雅预言，末日或许仍未降临，但，如果人类未能汲取教训，依然故我，危机再现，那么，人类在地球上还有第二次机会吗？或是，物换星移，到最后逃不过自我毁灭，归于无有？

这次，我从希腊跨越地中海两岸，除希腊外，还有西班牙、埃及、突尼斯作为焦点，上下探索这既关乎经济，亦关乎政治、社会，同时还关乎人性的一场危机，以及平民百姓在危机中的生存状态。

新闻事件可以每天不同，但记者的书写，犹如镜头攫住的那一刻，既能作为历史的重要参考，同时也可在不断滚动的新闻里，让大家看见当中隐藏的永恒现象，这正是我所努力做到的地方。

目录

后记

欧洲的最后探戈

希腊：失去神祇与法力之后

我们的生活有太多的无奈，
我们无法改变，
也无力去改变，
更糟的是，
我们失去了改变的想法。

——柏拉图

希腊，金融海啸的重灾区。1999 年我首次到访，是在科索沃战事过后。

“当我踏进另一方的边界，我的一生将会有怎么样的变化？”当年我在马其顿与科索沃接壤的边境采访时，一位前来战火之地寻亲的德籍阿尔巴尼亚裔人这样问。我有点愕然，这不正是希腊电影大师安哲罗普洛斯（Theodoros Angelopoulos，1937—2012）的“巴尔干半岛三部曲”某个情节吗？

点燃第一次世界大战的巴尔干半岛，希腊的命运紧系于此。

发生在二十世纪初的多场巴尔干半岛战争，再加上两次大战，希腊从君主制走向共和，但保皇与左翼阵营一直斗得你死我活，保皇派重夺权力，君主复辟，未几发生政变，旋即陷入军人独裁统治。1940年意大利法西斯军队长驱直入希腊境内，希腊虽最终击退法西斯，却又遭德军占领（1941—1944）。占领结束后，希腊却又苦陷内战，军人独裁一再出现。

一路走来，伤痕累累。希腊终于在1974年再现共和。这个民主的发源地，重回民主体制。只可惜，民主徒具外衣。

“每一次在一团模糊的感觉中开始新的冒险，向无法言说的事物发动袭击，去寻找那已经失去的东西，一旦找到又重新失去，循环往复……结束，就是我的开始。”希腊电影大师安哲罗普洛斯生前曾这样改写了艾略特的诗句。或许，这就是他那一代希腊人的写照，也是人生的写照。[1]

想不到，我重访希腊的时候，正是她面对历史中另一次悲剧之际，国家债务缠身，濒临破产，千夫所指。在欧元集团的压力下，被迫紧缩财政、变卖国产，人民苦不堪言。

在希腊的迷雾里，我竟然与安哲罗普洛斯相遇，第一次，亦是最后一次。我仅以此书献给这位电影大师，是他启发我踏上巴尔干旅程，并学习以他的方式去凝视世界，直至灵魂最深处。

---

[1] 安哲罗普洛斯被誉为“希腊电影之父”，也是二十世纪最伟大的电影大师之一，其电影风格独特，意象丰富。他的大部分作品反映了巴尔干的历史悲剧，对巴尔干地区有最深沉的思考。有关他的中文著作较少，台湾远流出版公司曾出版《发现安哲罗普洛斯》。

雅典市中心一片肃杀

雅典娜在哪里?

从巴塞罗那飞到雅典只需两个半小时。到雅典已近黄昏，怎知碰上地铁工人大罢工，没有机场地铁，唯有改坐公交车。抵达市中心，才晚上六点多，竟是一片漆黑寂静，与我多年前来到这里的景况大相径庭。

我拖着行李步行去往旅馆，沿路经过不少露天餐厅，空空荡荡，昔日的热闹一去不返。希腊友人克里斯托（Christo）告诉我，以前餐厅一星期七天都挤满人，现在只有周末才见人头涌现，平日则水尽鹅飞。

克里斯托在2011年火热的夏天，曾参与宪法广场的占领行动，后演变成一场“直接民主”运动。他积极参与其中，只因不想坐以待毙。他有一句话经常挂在嘴边：“民主在希腊开始，我不想它死在希腊。”

每次见到他，他都累得睁不开眼睛，因为他同时兼两份工。正值经济不景气，他已算幸运，虽然做一天算一天，但又有谁敢奢求？我和他走在市中心的柏迪士安街（Patission Street），这原是一条高档的大街，以前两旁店铺灯火通明，把整条大街装点得五光十色，如今一到晚上只有微弱灯光在暗地晃动，每两间店铺便有一间歇业。

但，萧条的市面原来有另一番风景。希腊有一半人口居住在雅典，这里是人文荟萃之地。事实上，雅典曾是古希腊的政治文化中心，而古希腊又是西方文明的发源地。

我入住的小旅馆位于雅典市中心蒙纳斯提拉奇（Monastiraki）广场，仰头即可见卫城（Aceopolis），在一座小山顶的台地上，满是历史风霜。卫城是古希腊祀奉雅典守护神雅典娜的地方。追索雅典的神话故事，雅典娜和海神波塞冬两位神祇互相争夺雅典城的所有权。波塞冬在雅典人面前以三叉戟变出海水，雅典娜则变出一棵橄榄树，雅典人对橄榄树心生喜欢，同时也爱上雅典娜，把地方的所有权都归于她，而雅典娜也成为雅典之名的由来，并成为该地的守护神，她代表了智慧与和平、法治与公平，她把这些都传给了希腊人。[1]

如今雅典娜好像早失去了法力，又或已远走他方。没有了守护神的雅典，何去何从？

在蒙纳斯提拉奇广场附近有一条不起眼的小巷，小巷里有一家书店酒吧，叫 Crime and Art Bar（罪恶与艺术酒吧），名字令人奇怪。原来这书店酒吧承包了希腊知名作家佩特罗斯·马卡里斯（Petros Markaris）的所有作品，由于作家擅长书写犯罪，酒吧也因而得名。没想到佩特罗

---

[1] 希腊神话是欧洲的重要遗产，从中衍生出欧洲丰富的文化艺术，并塑造了欧洲的精神面貌。有关研究书籍不计其数。台湾猫头鹰出版社 2008 年出版的《宇宙、诸神、人：为你说的希腊神话》，原作者凡尔农毕生专研希腊神话，他在此书用古代说书人的方式，把希腊神话故事娓娓道来。

上图：安哲罗普洛斯遭遇交通意外前接受本书作者访问

下图：希腊的另一片海已失去昔日活力

斯也是安哲罗普洛斯的合作伙伴，他们共同编写和创作了多个电影剧本。2011年12月初，我受邀前往“罪恶与艺术酒吧”，准备参加佩特罗斯的新书发布会，一推门便见到星光熠熠，骚人墨客的身影在我眼前晃动，里外的情景很不一样。就好像伍迪·艾伦（Woody Allen）那部电影《午夜巴黎》（*Midnight in Paris*），这次则在雅典上演。

看来，希腊人受危机影响是一回事，但各种各样的文化活动仍然继续举行。我在雅典期间不停受邀出席音乐会、歌剧、读诗交流、文学研讨等等。希腊人的物质生活受到威胁，精神食粮却不能缺。

参加新书发布会的宾客当中竟还包括安哲罗普洛斯，我与他碰上那一刻，他那锐利深邃的眼神，攫住了我。大家共同跌进静默的空间，一如他的电影镜头。安氏擅用长镜头与空镜，在他所营造出的巨大沉默里，总隐藏着哲学般的天问。他专注讲希腊，却又能触及普世的现象，我不禁好奇，他会怎样看待希腊的主权债务危机和紧缩政策，以及对世界的启示。

大导的英语不太灵光，他的第二语言是法语。幸好他太太菲比（Phoebe Economopoulou）的英语了得，我们就这样站着，一边喝酒一边聊天。透过菲比，我得以闯入一位当代电影大师的世界。

安哲罗普洛斯的遗作《另一片海》，正是要捕捉今日的希腊，在危机下的希腊，那些无日无之的示威、绝望的老百姓、非法移民的困境，人剥削人的丑陋行径等等。某一天，安哲罗普洛斯在取景过后，独自往窗角外凝望他的这个祖国，良久，泪水潸然滚下，哀叹说：“我们现在经历的，不仅是金融危机，这简直是全方位的灾难。”这个影像，深刻印在菲比的脑海里。

“我们先要走进过去，然后再返回现在，才会明白目前所面对的一

希腊大学生对过去历史认知薄弱

切，其实是三种危机互相纠缠：经济、政治、社会，如三条木棒压在我们头上，似乎无路可退。”安氏插口说。

安氏形容希腊人正处于一个非常窒息的情况，他们上街抗议，却提不出具体的改革方案。对于安氏而言，我们不能整天高喊不，不，不，却又没有愿景，以至提不出具体的改革替代方案。他认为走上街头的希腊年轻人，当中有不少仍未弄清问题之所在，因此他们只得个“反”字，无法把反对的姿态转化为有意义的叛逆，针对现实需求，来推动社会革新。特别是年轻人对过去缺乏了解，那就无法批判现在，想象将来。

大家开始意识到希腊教育的问题，不仅不重视历史，反而系统地回避历史中的诸多重要事件。当我探访雅典大学，碰上一些社会科学的学生，也听过类似的诘问。他们说，希腊教育糟糕极了，学生所接受的教育是偏颇的、片面的，他们无法有完整而独立的思考，缺乏深刻的提问。

这令我很惊讶，想到之前刚经过雅典大学的图书馆，四周屹立着巨大的古希腊圣哲雕像，从泰勒斯到苏格拉底、柏拉图、亚里士多德等，都做沉思状。当中的苏格拉底，更被视为西方哲学之父，他对任何事都作出质疑，而他的大哉问对西方文明影响深远。为什么他的后代不再懂发问呢？！在希腊发展过程里，有什么因素引致断层？历史又为什么变得轻如鸿毛？执政者在怕什么？

希腊有太多的历史伤口，这些伤口与外来干预不无关系。例如1946—1949年共产党与保王党之间的残酷内战，这可算纳粹德国占领希腊的后遗症，也是英美介入的结果。希腊在东西方阵营对峙的时期，占有重要的战略地位。英美唯恐希腊落入共产党手中，遂大力支援保王党，而保王党稳固权力后，在1952年推动希腊加入北大西洋公约组织（NATO），从此希腊成为美国在巴尔干半岛的屏障，同时亦是冷战时期西方阵营的前沿。在西方一片“恐共”的强烈气氛中，希腊极右集团逐渐凝聚自己的势力。一直到1967年，大选在即，偏左的联合政府正要成立之际，右翼军人在美国协助下发动政变夺权，并开始了七年的独裁统治。

安哲罗普洛斯的父亲于德军占领期间，在雅典外围遭逮捕处决，其后安氏与母亲到处寻找父亲的尸首，对于当时只有九岁的安氏，实在难以承受；六十年代独裁统治正要开展之际，社会动荡。一天，安氏在军民对峙的街头上遭军警袭击，眼镜也被打碎。因此，他看到今日希腊军警对付示威群众时，无法按捺心中的感伤。国家机器要为充满欺诈的官商利益，去镇压反欺诈的受害老百姓，不是很讽刺吗？而他早在年轻时已对国家有很多问号，感到历史的重量在挤压着他。即使他前往巴黎研习，获得发展事业的机会，但最后还是回到希腊，一个他誓言不会离开的地方，他要在祖国土地上寻找答案。

“究竟什么时候才可以回家？但回家却又重新出走，再回家，不断在追寻的旅途上。”

2011 年 10 月，时任希腊总理的帕潘德里欧（George A. Papandreou）提出，为欧盟向希腊抛出的纾困方案举行公投，惹恼德法等欧盟巨头，并引起国际市场很大的震荡。但安氏表示支持公投，他认为希腊人到了必须认真思考如何处理自己问题的时候了，并要为此负责。不然，希腊或许在一片惶恐纷乱之中再遭变相（经济）殖民，重复历史的诅咒。

时光微尘

今夜星光无语，我在安氏身旁重拾失落的历史碎片。踏着这些碎片，我又遇上最受欧洲尊重的希腊诗人蒂托斯·帕特里基奥斯（Titos Patrikios），他比安氏还大七岁。原来，除了蓝天白屋、Feta 芝士和橄榄油，支撑着希腊这个国家精神的还有电影与诗，一如神庙的圆柱。在雅典接受笔者访问时，蒂托斯就好像从安氏的电影中走了出来，其一生所书写的，正是在安氏的长镜头下，那一页凄迷的希腊历史诗歌。他们分别在诗中怀抱着电影，在电影中怀抱着诗，并在作品里向世人呈现出辽阔的历史、时间与生命。

我折断你的身体像沿着关节一节一节
折断一根甘蔗
我从裂口处畅饮汁液
而你的喷涌总是更加无声
用你簌簌响的叶簇覆盖我
用你沾着海的夜晚气息的新鲜
整个旅途你都陪伴着我
从粗野的动物到人性的生命

——《旅行》

蒂托斯于 1959 年完成此诗时，希腊正处于社会内战后分崩离析的状态，大量希腊人迁徙海外。而他也因其左翼政见受到打压，被迫流亡到巴黎。

在一个下午，我没有预约便跑到蒂托斯·帕特里基奥斯住所叩他家门。之前我们曾在友人介绍下相互认识，而他对我这位不速之客也没多大惊讶，毕竟在他生命里，曾出现过多少不速之客?！我们一谈便先后谈了两个下午，就在这个纷扰的雅典城。他的家离国会不远，我们还隐约听到反对削减财政赤字的示威声音。

近年，希腊的经济危机同样困扰着希腊一批知识分子，他们苦苦思量，像欧债和当今出现的危机，在这个时代都不是最大的问题，正如蒂托斯所说，归根到底，最大的问题乃是人本价值的失落。是的，这是一个有关价值失落的问题。人们失去了心中的价值，追逐自私自利，从政客到市场投机者。蒂托斯对此不无感怀，特别当他追忆过去那个讲求理想而又悲怆的时代，大家休戚与共，相信转变一定会降临，

帕特里基奥斯的藏书有希腊历史的重量

只要用自己双手去推动，便可创造新的未来。就这样，他们赤手空拳，挨过多少个严寒的冬天。

> 我们梦想一个不一样的世界，脑海闪过一个美好情景，我们自以为顶着天空，伟大的目标可以与天比高。后来发现历史把我们抛向边沿，成为边沿的故事。
>
> ——《时光微尘》（*The Dust of Time*）

或许有挫折，失败了，至少曾为梦想奋斗过。蒂托斯一边说，一边打开他的旧相簿，我就好像踏进了安氏的《时光微尘》，历史的灰烬从相簿一泻而下，回忆与往事一如电影交相重叠。蒂托斯的父母亲抱着儿子向我挥手，原来他们是知名的舞台剧演员，孩提时候的蒂托

帕特里基奥斯在集中营与其他作家合影

斯已经陪同爸妈周游列国演出，这让他学会多国语言，对人世间也多了一份敏感。直至第二次世界大战爆发，他们的生活亦跟着突变，随后德军占领希腊，跟着先后发生内战与独裁统治，家人逐步失去演出的舞台。这不期然使我想起安哲罗普洛斯的《流浪艺人》，寻寻觅觅兜兜转转，最后电影尾段出现一位诗人在朗诵诗作，他无法摆脱内战阴影而发疯了。

幸好蒂托斯没有发疯，他还向我娓娓道来一个惊险的故事。在德国占领希腊时期，年少的蒂托斯加入了左翼抵抗占领运动。一天，他在某街角等候战友时，被德军同谋者截查，他们怀疑他的共党身份，而他则佯装等候小情人。敌人表示如果他所等候的人十五分钟内不出现，又或被证实为反动分子，他们便会就地把他枪毙。结果女战友在十三钟后抵达，远看情况，心知不妙，故自觉扮作情人，向他走来，给了他深情一吻，他们就这样打发了敌人。

内战结束不久他被关进“集中营”，当时右翼政府指控他是希腊共产党的同情者，要他认罪，他受尽酷刑也不招供，成为狱中唯一一个死不肯招供的政治犯。不过，他最后又一次在死神身边经过，顽强生存下来。当中我似乎看到安氏电影的情节。

在集中营的三年岁月里（1950—1953），蒂托斯不停写诗，并在营中结识了一批志同道合的文人，他们被释放后还共同创办一份具政治色彩的文学杂志《艺术评论》（*Arts Review*），蒂托斯的不少诗作都在该杂志刊登。其后他分别出版了三本重要的诗集，以诗反映希腊1943—1973年三段重要的历史和希腊人的生存状态，从中也令人想起安氏电影“希腊近代史三部曲”，在那长镜头下，就让一切静止在安氏的《永恒的一天》（*Eternity and A Day*）吧！好给我们一个机会，分享着诗中的电影，电影中的诗。

> 在小屋里／我有一种疯狂的愿望——想看见一棵树／一个活物／对着发霉的墙／我的目光／在令人绝望的诀别中黯淡／一些被枪杀者的／名字／随着墙灰一起塌陷／仿佛在笑声和口琴中被重新扫倒／面具不知道街上发生的一切／我还没有理解这一点：自然从我开始／卫兵们从我这里什么也拿不走。
>
> ——《狂欢节之夜》

啊，又是那棵树！安哲罗普洛斯在《雾中风景》这部电影结束时，不也一样在雾中出现一棵树吗？！它代表了希望。然而，欢乐的气氛却又总笼罩着沉重的伤感。这是否代表了希腊人苦乐交杂的人生观，在喜乐逐渐爬上来之际，悲伤却早已在等候？正如安氏爱在电影中让穿婚纱的人哭泣、穿黑衣的人欢欣，而那些拉着乐器的流浪艺人，当彷徨痛苦之际，竟又能在一旁唱歌起舞。

蒂托斯在诗作《爱》里，一样悲喜交缠，幸福无法停留。“爱诞生于爱的体内／在它腹中逐渐膨胀……而一旦它为自己的获取满足／另一个爱又在它腹中诞生／逐渐膨胀／在它的空间蔓延／威胁要将它撕成碎片……但有时爱会停止／以对手的皮肉为食……犹如墓地上敌方领袖们的胸怀。”尽管如此，蒂托斯亦不忘常怀希望，因为他有诗照亮生命。但，什么是诗？“诗不断让你发现一些东西，因为现实比文学更丰富，因此好的文学永远在追寻、在发掘，好令我们看到天外有天。而诗更能一针见血，即使在微小的角落，它都可以察觉到隐藏的现实，帮助诗人抛出更好的问题。”

蒂托斯还打趣说，哲学要去确认一些内在逻辑，诗人则永远只是提问，无法确定，但政客表现得太肯定，对现实却一知半解，结果造成灾难。蒂托斯于上世纪五十年代初及六七十年代在法国期间，认识萨特、波伏娃、福柯等哲学家。一次，萨特访问完中国回巴黎，兴奋地与他们分享关于“文化大革命”的见闻，可是蒂托斯却感到不妥。他说：“他太肯定了，而我不太相信由上而下推展的运动，后来萨特也不得不修正他的看法。”

蒂托斯告诉我，他也曾太执著他的社会主义信仰，因而曾一度放弃被视为资产阶级情趣的诗，但结果他又回到诗的怀抱。现在，他虽仍抱有信念，但比以前更具批判性，诗让他返回人文的价值，充满创造力。他说，在危机中，诗，令人思考，带出创意，创意与团结正可为危机寻找出路，这正是希腊目前的自我解救之道。

帕特里基奥斯在六十年代与法国哲学家萨特（右一）开会

诗人与导演都焦急了。那一棵希望之树在雾中往哪里去了？安氏的长镜头再次出现，天地无语，他走过多少回历史险境，最后竟给一部摩托车撞倒，救护车四十五分钟后才姗姗而来，结果令他错失了黄金救援时间而死亡，传奇一生就这样突然谢幕。想不到沉重的希腊债务危机，不只影响了欧洲金融以至全球经济，连希腊的公务运作体系也严重失衡，迟来的救护车就这样断送了一位大师的宝贵生命，令全球影迷悲伤失落。

就让我们跟随安氏的《尤利西斯的生命之旅》（*Ulysses' Gaze*）[1]，不断拷问，继续追寻，令旅程伸延至"另一片海"。在国际媒体指责希腊

[1] 《尤利西斯的生命之旅》是安哲罗普洛斯在上世纪九十年代所拍摄的"巴尔干三部曲"其中一部，另两部为《鹳鸟踟蹰》、《永恒的一天》。

祸延欧洲的一片声浪之中，我们可否发掘出另一个希腊，一个诗与电影共同沉思的角度，并向希腊大师为世人带来的启悟，作最真诚的敬礼。

安氏在蒂托斯的诗中又再向我们挥手：

我们的生命其实是一封信
一个重要信息的携带者
发信人和收信人
在逃难者的浪潮中失散了。
然而信还是去了又来
从一个邮局到另一个
没有人打开它
没有人扔掉它
总是被贴上一条“急件”
信封上的姓名变得模糊
只有邮递员念得出
就像只有实验室里的智者
才说得出灭绝物种的名字。

——《一封信》(Une Lettre)[1]

[1] 蒂托斯诗作，选自《希腊诗选》，马高明、树才译，漓江出版社，2008 年；蒂托斯英译本诗集是《狮子的闸门》(*Lion's Gate*)，Truman State University Press，2006。

债务危机——谁之过？

“由于过去有太多外来干预而造成历史伤口，希腊人总是带着一种受害人的情结。”本身也是知名社会评论家的犯罪小说家佩特罗斯·马卡里斯如是说。这种情结可有反映在这次债务危机中？而这又是否会导致希腊人缺乏自我反省能力？另一方面，外界对希腊的误解又有多少？

在希腊，我问当地人，他们是否如外界所说，由于好逸恶劳，四十岁就退休、逃税、高福利？我这样一问，他们都瞪大眼睛望着我，如果是学者，他们会搬出很多统计数字去逐一反驳外界的谬误。四十岁退休真是很大的误会。希腊人反问，谁可能四十岁退休呀？他们的退休年龄都在六十五岁，现在政府还要延长至六十七岁。如果公务员要提早退休，必须服务满三十五年才会获得批准。只有军队中的特种部队，才有可能早于五十岁前退休，但那是特别个案，不能混为一谈。

至于希腊人是否好逸恶劳，在飞机上，坐在我身旁的，乃是雅典大学社科院研究员苏仪（Zoi），她告诉我，根据经济合作与发展组织（OECD）的调查，希腊人每年工作 2017 小时，平均工时比德国长 40%，即使撇开自雇人士的数据，希腊工时仍较德国长 10%。至于福利，调查亦显示希腊不及德国，甚至不及西班牙。[1] 事实上，希腊老百姓都希望多做多得，以应付高昂的生活指数，失业是个梦魇，谁想当长期失业者？“每个国家都有懒人，我们国家当然也有懒人，难道这就是债务积缠的原因之一？此观点是否很肤浅？”苏仪挨近我身旁，

[1] http://stats.oecd.org/Index.aspx?DatasetCode=ANHRS5.

带点愤怒地说。谈到逃税问题，希腊人更愤怒，因为逃税的都是有钱人，愈有钱愈想逃税，老百姓则要忍受高税率。

我与一群希腊大学生喝咖啡，其中一人拿着餐单对我说："看！我们这里的销售税是百分之二十三，几乎是全欧洲之冠，我们老百姓的生活多难过啊！"

在一次反削减赤字大游行中，我遇上一位独居老人，他在政府服务了一辈子，退休后每月获取八百欧元退休金，现在一减就减到五百欧元，几乎无法维持基本的生活。他问，为什么外界总有这样的误会，以为退休者死后的退休金可由亲友继承？可能因有官员贪污，让这样的事发生了，但这是少数而不是普遍现象。老人家也不觉得希腊的福利比西欧好，甚至还不如呢！希腊人认为，有人想找代罪羔羊，把责任推到希腊身上，其实只不过是想转移欧债真正原因。有人甚至认为这是德国的阴谋。德国虽在 1944 年结束对希腊的占领，但从未放弃过重新占领希腊的念头，这回则是想以经济手段去实现之。

希腊人拍了一套有关希债的纪录片，叫 *Debtocracy*[1]，该影片有一情节，讲述希腊接受德国金钱援助后，再用来购买德国的武器，而削减赤字迫使希腊政府私有化国有资产套取现金，德国及其他资本由此可平价收购希腊国有资产。片中尽是嘲弄希腊政客怎样成为欧盟的买办，出卖国家，贱售国产，而德国则是最大的得益者，为此有抗争者呼吁杯葛德国。

是这样吗？我带着这个问题，寻找一位当红的雅典大学经济学系教授雅尼斯·瓦鲁法科斯（Yanis Varoufakis）。这位教授可真是一位大

---

[1] http://www.youtube.com/watch?v=qKpxPo-lInk.

红人，无论在国内外，媒体和大学都争相找他发表有关欧债的意见，金融机构也一样希望听他一席话。在学校，无论是左中右的学生，都爱上他的课，认为他是经济学系最佳的教授。他的魅力究竟在哪里？

我跟自己说，一定要找到他。找他说易不易，说难也不难。这因为他对记者其实是颇友善的，只不过他到处飞，一时在伦敦、一时在布鲁塞尔、一时在罗马。有趣的是，他经常缺课，由助手代教，但学生并无怨言，只要他能在一个学期里出现三数次便可以了。

我打了几次电话给他，又传了多个短信和电邮，一概石沉大海。我按捺不住，亲访经济学系，向学生查问他的课堂。第二天按着时间找到他上课的课室，怎知他又缺课了。我遂跑到他的办公室，叩了几下门，等一会再叩，没人应门，留下字条，准备要走之际，竟听到房间内有翻阅纸张的声音，感到有人在，再叩门，大门一样紧闭。心想，难道有鬼？我不死心，就在门外等了好一会，结果听到收音机的声音，我终于用力猛拍房门，就好像躲火警一样。哈，教授终于开门了，我一表示是香港来的记者，他便不好意思地说，收到过我的访问要求，请我第二天到他家里谈。（有些年轻记者问我是怎样找人约采访的，我说一定要有恒心，想尽方法，厚着脸皮。尤其是一些红人，不管他是高官或是总统，总之要锲而不舍。）

瓦鲁法科斯的家位于卫城，景色宜人。雅尼斯为什么红透半边天？当然因为他的国家有难，同时他亦是政府经济部门的重要智囊，他看欧债与众不同。他曾是前总理帕潘德里欧的经济顾问。我一见他便打趣问道，为什么他不能及早预测希腊的经济危机。

他耸耸肩反问我："难道你认为这次欧债真的是由希腊引起的吗？"他以肯定的口吻说，即使没有希腊，欧洲也一样会出现债务危机。这是资本主义全球性的结构危机问题，欧元区由于缺乏坚固的基础，因此更为脆弱。他还以开玩笑的口吻说，不少记者涌到欧洲探究影响广泛的欧债。大家可能估计不到，世界下一场战争可能不是源起中东，而是从欧洲开始。

雅尼斯认为，如果欧盟有决心解决欧债，几个小时便可以解决了，就是加强欧元区的经济基础，由欧洲央行集中处理各欧元成员国的债务，推出单一的欧元区债券（Euro Bond），一步步纾缓危机。可是欧元区的大国各有盘算，到最后德国可能与北边的欧洲国家结盟，推出另一种货币，法国则向拉丁语系国家寻找盟友，自立新货币。换言之，欧元区极有可能解体，欧洲出现几个结盟圈，每个结盟圈都会推出自己的货币单位，在这过程中当然会引发全球的金融大震荡。但政客一般都是短视的，从一己的利益出发。

雅尼斯又说，欧元区的大国领袖迫使希腊改革，其实是另有谋算。试想，自 2008 年金融海啸发生以来，希腊已经受压，要大幅度削减赤字，可是这举动并没有换来稳定，反而令希腊更动荡，进一步削减赤字会迈向更多的灾难，政客不是不知道，但为什么仍要强迫执行？对他而言，欧元区大国和国际货币基金组织（IMF）追逼希腊政府加大削减赤字行动的原因，就是好让希腊的债权人能尽快收回所借出去的款项，并加快私有化，好让希腊套取现金还债，甚至或许以此夺取希腊的经济控制权，进行变相经济殖民。

希腊在德国等欧元区强国的压力下，逐步私有化，即出售国有资产，这包括卖掉国有机场、公路、国营企业、银行、房地产和乐透彩执照、两个最大港口和一家自来水公司等，来满足国际债权人的要求，务求在 2015 年之前，透过私有化筹措五百亿欧元。甚至那些美丽的小岛，都给拍卖出去了。这几乎是把整个国家出售。

当然，希腊政府亦应负责，他们未能向富有的希腊人追收税款，而是向老百姓开刀，削减养老金，在民生方面大幅提高税率，例如连住宅的电费都新增加了超过 20% 的税率，令原本生活已吃力的老百姓雪上加霜。最令人情何以堪的是，一般工人不合理地被削工资，欧盟要求希腊政府把二十五岁以下的最低工资削减 32%，二十五岁以上则是 22%。此外，工时又增加了，还要面对高昂的征税，人们很快便失去了消费能力，到头来导致裁员之声四起，打工仔首当其冲。

大国无视希腊平民百姓之苦，如吸血鬼般把平民的血吸干吸尽。然后说，好了，希腊从无法帮助的乞丐，变成可以帮助的乞丐，政府继续借贷度日，继续打压老百姓，而富有的希腊人和政客则继续“逍遥法外”，继续与欧盟大国狼狈为奸。

雅尼斯表示，暂且不谈公平与否这个问题，仅看削减赤字与加大高息借贷、并美其名为援助的手段，真可以是解决方案吗？当然不，这只会加深债务危机，但无助于清洗银行业界的毒瘤，且把欧元区推入负增长、经济衰退的陷阱。

雅尼斯与另一些希腊经济学家较早前曾共同草拟一份叫“审慎的建议”的纾困方案[1]，并前往欧洲议会解释详细内容。他们的建议之一是建立一个欧元区中央金融制度，但雅尼斯说，各成员国的银行界非常抗拒这一建议，因为这意味着他们不能再为所欲为。银行界是只大老虎，这正是危机难以解决的主因，雅尼斯对前景感到悲观，因为人类不懂得什么叫做团结，而原本怀抱统一梦想的欧洲人，今天只懂互

[1] http://www.levyinstitute.org/publications/?docid=1380.

相践踏。

犯罪小说家马卡里斯在其《危机三部曲》的第一部《过期信贷》中，讲述一位连环杀手，专向金融专家下手，而被杀者都是来自那些银行、对冲基金和评级机构等。杀手还到处张贴海报，呼吁民众拒绝付钱，拒绝援助金融界。

马卡里斯在指责金融罪行之余，对希腊政治也不无批判。他说，一个问题体制非一天出现，它是日积月累下来的。这可追溯至1950年代希腊内战之后，那些胜利的右翼民族主义者，包括后来的新民主党，为了报答效忠的战友，让他们成为新政府的主力军，从上至下的政府职位都由他们担任，甚至扩展至公营机构，逐渐形成一个朋党。

不过，左翼的泛社会主义运动党（PASOK）也好不到哪里去。他们在1981年第一次上台后，也难敌诱惑，便说希腊过去多年由右翼阵营主政，与自由力量为敌，因此他们必须大换血才能有效执政，结果整个国家机器都安插了其党员，实际与右翼没有分别，一样是朋党互相包庇，私相授受，虚耗国库，并极力用借来的钱去掩饰之，同时亦导致贪腐横行。

有一点值得留意，就是PASOK上台之际，希腊刚加入了欧洲经济共同体（ECC），获得不少信贷补贴优惠。在此，马卡里斯想强调一点，他在1965年定居雅典，当时希腊是穷国，但仍受到一点尊重，直至加入ECC，希腊人面对一大笔信贷补贴，举国上下都不知如何处理是好，之后各届政府都习惯依靠信贷度日，花费愈来愈大。在2001年加入欧元区后，可以低息举债，自此更无节制，金融界成为大玩家，这令希腊的贪腐政治变本加厉，并改变了社会的面貌，一切都变得虚假。

马卡里斯认为，这次债务危机的不断深化，与金融罪行绝对有密切关系，而希腊所面临的挑战，除了自身的问题外，还有金融罪行。这种罪行已随着东欧共产党倒台，冷战结束，边境开放，得以全球流窜。那些黑钱给漂白后，再投入正规的金融体系。其资金之庞大、犯罪手法之层出不穷，令人目瞪口呆，无法理解，亦不敢去触碰，在此，政府也是共犯吗？一切皆因贪财、贪权？这成为当代欧洲犯罪小说的大题材。马卡里斯担心，小国如希腊，面对这样无边无际的金融罪行，可能已经无法控制自己的命运了。

马卡里斯的危机第二部曲 *Settlement*，同样出现一位连环杀手，他自称是全国税收员，专向大批善于逃税的富人狠下毒手，杀个片甲不留，陈尸于雅典的废墟古迹上。但这竟引起大众对杀手泛起一丝同情，马氏不得不在书的封面上刻意加上警告：切勿模仿小说！

我们大伙儿与马卡里斯步出“罪恶与艺术酒吧”，走在深夜的蒙纳斯提拉奇广场，月亮高挂，冷冷清清，大家咔咔的脚步声清晰可听。地铁外的隐秘处，已聚集了一群又一群的无家可归者，他们或无力躺着，或孤独地坐着沉思，又或彷徨无主地狂抽着烟，四周打量，恐怕有警察驱赶。当然，这可能还有其他的勾当，不足为外人道。我当初入住这区时，只有少数的流浪者，但每星期流浪者的数目都以惊人速度增加。一到晚上，这里有说不出的诡秘。

马氏若有所感地说，古代雅典是民主的摇篮，但现代雅典却是丑陋的社会，充满贪腐、欺诈。如你想写一个有关今时希腊政治或社会的作品，很自然会触及犯罪这题材。写希腊，最适合的切入点便是罪恶，因为整个社会俨如一个犯罪集团，人民是最大的牺牲者。他们被迫变成共犯，又或被蚕食掉。

友人基思度告诉我，他有好些自雇朋友，把逃税行为合理化，以此作为每事得向公营机构人员行贿的补偿。据统计，每位希腊人每年花在行贿上的费用，平均为一千欧元。慢慢的，社会伦理往下沉。反之，诚实的公民却受到紧缩政策的惩罚。

高盛的阴谋或阳谋

不过，最大的“骗案”，还是要数2000年美国投资银行高盛（Goldman Sach）为希腊做了一盘局，巧妙掩饰了希腊一笔高达10亿欧元的公共债务真相，好让它顺利加入欧元区，以享有欧元区低廉的借贷利率，继续借上加借。[1] 传媒曝光的数据显示，当年高盛利用货币掉期交易（swap transaction）和信用违约掉期合约（CDS）两项金融工具，为希腊埋入主权债务炸弹，同时也加速了欧洲的经济危机，而他们则坐收渔人之利，单是交易佣金，三亿欧元已稳稳进入了高盛口袋。[2]

根据欧洲1992年签署的《马斯特里赫特条约》，欧洲经济货币同盟成员国必须符合两个关键标准——预算赤字不能超过国内生产总值的3%，负债率低于国内生产总值的60%。可是，当时希腊真正的预算赤字已高占GDP的5.2%。在这种情况下，高盛利用所谓“金融创新”手段，让希腊政府债务先用美元等其他货币发行，再在特定时间换回

---

[1] http://www.nytimes.com/2010/02/14/business/global/14debt.html?pagewanted=all&_r=0.

[2] 如想多了解掉期交易等金融工具，怎样在市场兴风作浪，入门书可参考约翰·兰彻斯特（John Lancaster）：《大债时代》（2011年），林茂昌译，早安财经出版。另可参考 John Truman Wolfe, *Crisis by Design: The Untold Story of the Global Financial Coup and What You Can Do About It*, Roberts & Ross Publishing, 2011.

欧元债务，债务到期后，高盛再将其换回美元。据报道，多年以来，当中交易金额曾达百亿欧元之多。

为了进一步掩饰，高盛向希腊提供一个借贷优惠汇率，好让希腊获得更多欧元，并能享有还贷期限十年甚至更长，以回避算入欧元区所需要统计的公共负债率，并让国家财政赤字从账面上看仅为 GDP 的 1.5%。高盛这种遮眼法，只会令希腊不得不制造更多的货币掉期交易，深陷坏账漩涡而无法自拔。到了 2009 年，希腊政府财政赤字和公共债务，已扩大至分别占国内生产总值比例的 12.7% 和 113%。

为了维持负债率的合格水平，高盛再为希腊寻找十五家银行达成货币掉期协议，这包括德国的银行，而且是主要债权人之一，高盛明显要把风险卸给德国银行业。为什么选择德国银行呢？这再明显不过了，就是德国作为欧元区最大经济体，此做法可将德国锁在希腊的债务链内，如果德国政府袖手旁观任由希腊违约，那么德国银行业也一并遭殃。

当帕潘德里欧 2009 年上任为总理时，发现这一盘烂账已无法再骗下去，况且银行也因全球金融危机而身陷泥沼，反过来需要政府动用庞大资金救助，就在这种情况下，希债危机爆发了，并同时暴露了希债危机在欧洲不是孤立的，而高盛介入欧元区其他国家金融事务之深，非我们想象。除希腊外，爱尔兰、葡萄牙、西班牙、意大利等“欧猪五国”，相继爆出主权债务危机。

事实上，欧洲金融机构便有不少高盛人。为希腊量身定做一套金融工具，以掩饰希腊庞大债务的人，就是当年的高盛副总裁德拉吉（Mario Draghi），现在竟是欧洲央行总裁。而前任意大利总理蒙蒂（Mario Monti），2005 年曾任高盛的国际顾问。有美国传媒直接指出，高盛就是欧债危机的罪魁祸首，他们透过琳琅满目的金融商品，让世界充满债务，现在危机爆发，他们不仅不需负责，没有受惩治，反而被挑选出来处理欧债问题。如今出面为欧债危机提供解决方案的欧洲领袖，也多是高盛出身。这不是很荒谬吗？

欧债为高盛一手栽种，他们对欧债自然最清楚不过了。好了，欧洲给欧债拖垮，高盛如何反应？高盛集团总裁兼营运长柯恩（Gary Cohn）事后这样向投资者表示，鉴于欧洲银行为解套财务危机，可能被迫出售至少一万亿美元资产，高盛很可能由此获益，他们会掌握有利位置，去担任这些资产销售的中间人。因此，面对欧洲这摊浑水，他不仅不担心，相反还乐观地认为，欧洲潜在的经济危机将会为高盛带来盈利良机。[1] 转化经济危机为生财良机，高盛可谓玩得出神入化。难怪坊间对高盛充满阴谋论。[2] 人们不禁质问：它是投资银行，还是全球政经大戏的制作人？

有批评阴谋论者称，高盛可能只是一个符合资本嗜血本质的金融机构，他们所做的一切，只不过是不择手段、唯利是图、整死对手的“企业行为”，而不是政治行为。可是，高盛这家美资投行如此精明计算，会是纯粹的商业行为吗？若不是单纯商业行为，难道真如外界所述说是阴谋吗？

阴谋论在大众眼中都带有贬义，其目的就是企图解读某一事件的背后密码、个人或是团体 / 政权不为人所知的秘密计划，而其说法当

---

[1] 柯恩言论参考自 Market Watch：http://articles.marketwatch.com/2012-05-31/markets/31907236_1_wall-street-bank-gary-cohn-european-banks。

[2] 有关高盛等投行如何玩弄财技，2008 年后大家都企图解构，并进一步探讨背后不为人知的政商勾结。2010 年 11 月时报出版由李德林撰写的《高盛阴谋》，最为触目。

然不同于一般广为接受的解释。但不是所有阴谋论都毫无根据、穿凿附会。有些根本就不是什么阴谋，而且证据处处，是阳谋了，例如欧债与高盛。西方民间社会的阴谋论更进一步，指出能把全球经济垄断的跨国企业，令西方强国政府也要为它们服务，目的是重塑世界秩序，它们要迈向的不仅是一个世界政府（One World Government），而是一个世界公司（One World Company）或One World Inc.，即由寡头企业统治世界，高盛是其中白手套，信乎？

无论如何，高盛的影响力无远弗届，它拥有全球第一线政经关系，而且更俨如美国政府重大政策的代言人或执行者。这次的金融大泡沫，高盛“功不可没”。

希腊无疑有政治贪腐，习以为常的逃税行为也确实成了社会沉重的负担，但它仍有在社会内部进行改革的机会。试想，一个人若没钱可借去花费，他便不能继续毫无节制的挥霍度日，必须自我调整了。只不过，有人却把希腊问题掩饰，包装成金融产品并拼命吹捧，再在区内如细菌散播开去，加上大至不能倒的银行作为劫持者，欧债便可能恶化到威胁欧洲的整合，并且犹如日本恐怖片中的贞子，不时出来吓你一跳！

说到底这关乎上世纪八十年代以来，资本主义金融化、金融资本全球化的问题。对金融产业来说，有人借钱才会有人赚钱，大家都被鼓励不断借贷，世界遂踏入一个大债时代。金融全球化制造了信贷泡沫和资产泡沫，这才是欧债问题核心，也是全球金融危机原因所在。有关过去三十年这个经济形态，学术界称之为“新自由主义”（neoliberalism），它被指责为制造财富分配不公、经济缺乏正义，导致贪婪的百分之一对抗被苛待的百分之九十九（the greedy 1% versus the hard-done-by 99%)，经济资源被社会百分之一的极少数富人主导，其余百分之九十九的人却得不到公平的待遇。

新自由主义其实是一个政治经济学，不单纯是经济学。换言之，这是资本主义全球性的结构危机问题，正如雅典大学经济学系教授瓦鲁法科斯所言，若不是希腊过去太过轻易借贷，它的债务也不会如脱缰之马；若不是因资本主义过度金融化，银行也不会大至不能倒，遂要国家去拯救，加深了主权债务危机；若不是金融资本获得去监管化，得以在全球化过程中全速前进，跨越国境，不择手段追逐利润最大化，金融罪行便不会如此肆无忌惮。这正如马卡里斯所言，面对这样无边无际的金融罪行，被卷入金融全球化的小国，可能已经无法控制自己的命运了。

可是，好些国际主流传媒把欧债的责任一股脑儿抛到希腊身上，又或是归咎为欧洲福利主义之错。福利主义无疑需要经济实力去支撑，而全球经济衰退的确打击了欧洲的福利运作，甚至突显了劣质的福利制度，一如劣质民主，都是需要检讨的问题，但这就需要为欧债危机负上全责，而让金融欺诈脱身吗？媒体成功地把我们的视线从金融欺诈转移开去了。一切都是欧猪五国自食其果。就好像我们一味指责那些吸毒者，却对贩卖者视若无睹，无法道出两者如何相辅相成。从这事情上，我们可以看到，媒体的配合是多么重要啊！但，媒体不笨，为什么要配合？商业媒体与官方媒体一样，都有它们的政治议程吗？

大家都会承认，人性的自私驱使人不断寻求自身利益最大化，遂出现各种手段去达至这个目的，无论在明在暗，当中都要互相角逐控制权，大至国际关系，小至个体之间，到最后都彰显了人性的自私。

这是基督教所说的人类的原罪，佛教的说法则是贪、嗔、痴，并构成了一部人类既宏大又卑微的悲剧史。

沉默的屠杀

想不到，我来到了另一个战场，目击了不需刀光剑影的“屠杀”。

一天，我在雅典市中心往国会方向走，在大都会大街的角落里，一位少年低头啜泣，无力地拉着手中的风琴，琴声如悲鸣，看来只有十三四岁吧。几个路人驻足而看，他们出于关切之情，欲了解状况，但他怎么也不张口，只管啜泣。在不远处有另一位少年在拉着小胡琴，身体摆动，引吭高唱希腊民歌，歌声愈来愈大，是故意的，像控诉。音乐与歌声回荡于古老与现代交错的雅典市中心。附近店铺的服务员偶尔走出来，我借机问个究竟。他叹气说，这些孩子一是卖艺帮补家计，一是因父母无力养家而遭遗弃，他们原本已经处于社会边缘，一场金融海啸又把他们卷走。

我与一名店铺服务员就这样谈起他们近年的生活。他说，亏得希腊财政部门想出了一个透过电费账单征税的方法，另一方面电费也在大幅上升，无法负担电费的人面对停电的困境，当房租也负担不了，唯有一走了之。无奈抛下家庭，又或流落街头，在这个欧洲旅游名城，此等现象随着经济危机而变得普遍。服务员又说，中小企业受打击至深，他恐怕自己很快也会失去工作，难以照顾家庭。最让他们感忧虑的，就是紧缩政策不仅夺走工作，连社会的安全网亦夺走了，迫使他们走上绝望之路。从基层到中产阶级，无一幸免。

2012年4月，国会大选之前，我经常跑去采访示威的宪法广场，在一个早晨，当上班一族开始准备一天工作之际，突然砰的一声枪响，七十七岁的老人克里斯图拉斯（Dimitris Christoulas）饮弹自尽，他是一名退休药剂师，依赖退休金过活。他这一枪，震惊了整个希腊社会。这让不少人联想到突尼斯那位自焚的小贩。

后来，一位希腊记者告诉我，克里斯图拉斯前一年曾在宪法广场参与占领行动，并加入了一个叫"直接民主"的运动，他对老百姓成为代罪羔羊受尽折磨感到很愤怒，特别是为社会服务一辈子的老人家亦受惩罚，但外界却指责他们不愿与国家同甘苦，而欧盟也没有怜恤之心，在无须咨询下，硬要百姓喝下这杯苦酒。

克里斯图拉斯在遗书中表示："政府已经削减了我所有生存的依靠，也就是我在过去三十五年努力工作而挣得的养老金。除了自杀，我找不到比这更能保持尊严地了结自己生命的方法，如此我就不必沦落到去垃圾堆找食物。"此时，我想起马卡里斯在访问中也提到，他所居住的市中心地区属中产地区，邻居过去一直都注重体面，可是，最近每天一大清早，太阳还未完全爬上来，他往窗外望，总会看到有人偷偷在垃圾箱翻找。他们不是流浪汉，看来就住在他左右。他们在他人上班之前行事，明显是不欲给邻居看见。真不敢相信，中产阶级也偷偷捡拾街上的剩余物质。

自克里斯图拉斯自杀后接着的一个月内，报章上出现如下新闻：4月23日，一位三十八岁的地质学老师上吊自杀；同一天，三十五岁的神职人员从阳台一跃而下；5月2日，二十三岁的大学生举枪自尽。不久，又有一位六十岁的音乐家培里斯（Antonis Perris）与母亲双双从屋顶跃下，自杀身亡。遗书这样写着："我的生活变成了一连串的悲剧。

当你没有钱买食物，拥有其他东西有什么用呢？”类似死的控诉，陆续发生。7月16日，一名在克里特岛经营小生意的商店老板上吊自杀；7月25日，一位老年人在南伯罗奔尼撒半岛被发现挂在一棵橄榄树上自尽；8月3日，一位三十出头的男子在奥林匹亚家里开枪自杀；8月5日，一位仅十五岁的男孩在皮耶利亚上吊自杀；8月6日，一位前足球运动员在卡尔基斯自焚身亡……

地中海的海水，如眼泪般汹涌洒在这些美丽的希腊小岛上。蓝天与白云依然如昔，但人面却已不知所踪！

根据官方统计数字，自杀人数上升了22%，马卡里斯认为是低估了，因东正教家庭较保守，有家人自杀对他们而言是耻辱，他们会尽量掩饰。但另一方面，人民无法尊严生活也是国家的耻辱。希腊于2009年爆发金融危机前，自杀率每十万人仅2.8人，为全欧洲最低，但2011年1至5月，自杀率比前年同期暴增40%，成为欧洲最悲情的国家之一。

“以前希腊人可以穷得快乐，但自八十年代进入虚假的繁荣后，竟然为今天的悲剧埋下种子。”我和一班“直接民主”运动成员在一家酒吧聊天时，他们都有这样的喟叹。雅典全国公共卫生学院社会学系教授马高拉斯（Charalampos Magoulas）表示，希腊自1981年加入欧共体，跟随实行新自由主义政策后，金融业不断膨胀，虚假繁荣也随之而来。资本过度累积至生产过剩，失业成为头号“社会杀手”，同时也变成欧洲的催命符，特别在地中海地区，失业的魔咒一样紧随北非多个被视为独裁的阿拉伯国家，他们一样深受新自由主义影响（见本书第三、四章）。

新自由主义，它可以在不同政治环境以最活跃的生命力生存下来，并为不同地方滋生出不同程度的类似问题。[1]

国会前的宪法广场阶梯上有大批年轻人聚集，有小至初中者，在香烟的烟雾弥漫中，仍可看到不少迷惘的眼神，脸上有一股怒火，有些头戴斗笠在徘徊，没有方向，但又好像等候暴风雨来临的一刻。他们令我想到英国那一场骚乱，那些年轻人一样虚无而绝望。我在网上翻查新闻，在 YouTube 有一录像片段，一位英国青年对着镜头说："这是工人阶级的起义。我们要重新分配财富……人们对国家机器的不信任，是引发骚乱的重要催化剂。"在希腊，以及欧洲其他地方，甚至北非多国，我都听到类似的话。

雅典已经变成示威之城。我在雅典不到一个星期，已碰上四次大型抗议游行活动，他们的抗议暴力得多。这是由于每次都会有一大群青少年混进示威队伍里，向警察泄愤。我又碰到反削减赤字示威了，这次是反对削减教育开支，由各大学学生会组织一场大游行，从雅典大学出发。

我曾多次造访雅典大学，当第一次进入校园时，对学生的极度政治化有点吃惊。在学校的大礼堂里，四周都是各政党学生团队的宣传摊位，从极右到极左的政治光谱都有代表，各种颜色的旗帜飘扬，在场的学生不时在喊口号。我找了一些学生聊天，他们异口同声表示，几乎每一个学生均隶属某个政党，他们为此感到自豪。在聊天当中，学生之间再次为希腊未来发生争论，希腊应该留在欧盟还是脱离欧盟？继续欧元地位还是退出欧元？不过，最切身的仍是政府削减教育

---

[1] Manfred B. Steger and Ravi K.Roy, *Neoliberalism: A Very Short Introduction*, Oxford University Press, 2010.

开支行动。一名学生告诉我，好些中小学教科书供应也见紧绌，学校资源捉襟见肘，希腊的下一代何去何从？

这竟使我回想到伊拉克战争前，探访受美国经济制裁下的巴格达学校，一样的境况，这次的教育灾难却发生在这个西方文明的发源地。制裁也好，紧缩也好，人民已经失去了话事权。游行队伍浩浩荡荡，有少年相继戴上防毒面具，手中持有燃烧弹，沿途向公物尽情发泄他们的愤怒。没有防毒面具的就用头巾蒙面，听说是不想父母把他们认出来。

一个燃烧弹刚落在我身旁，一声巨响，火光熊熊，震出希腊社会的断层线。国会附近有一家五星级酒店，门前的梯级皆是上乘的大理石。这些示威少年每次经过，无不大肆敲击大理石直至粉碎，然后把碎石掷向前方。可怜的酒店。原本国会一带是著名的观光区，如今各大小示威把游客吓走之余，景点又惨遭破坏，需再花金钱不停修葺。不仅这家酒店，宪法广场外四周的食肆一样遭灾。愤怒的示威青年浩浩荡荡一来，各大小餐厅立刻收拾外面的桌椅，把门关上，顾客则作鸟兽散。报摊也不得不暂停营业，连地铁站入口也拉下大闸。城市呈现一片肃杀紧张的气氛。

正在布防的军警对这些示威稚子毫不手软，而后者亦绝不退让，大有同归于尽之势，我在现场也给吓了一跳。他们一无所有，就是要向社会投下“炸弹”。他们才是真正迷失幻灭的一代。在宪法广场了断生命的克里斯图拉斯，在遗书中这样表示：“我认为，发现没有明天的年轻人终有一天会拿起武器，走上宪法广场。”希腊从 2009 年在欧盟压力下实行紧缩政策以来，经济连续陷入衰退，十五至二十四岁的年轻人失业率徘徊在 48%，而总失业率则超过 20%。年轻人失业率节

上图：年轻人以暴力发泄不满

下图：雅典：旅游名城变成暴力之城

上图：希腊年轻人受危机影响最大

下图：希腊国会成为示威之地

节上升，每两个人就有一个失业，他们全都被挤到社会的边缘。

其实，不仅希腊，整个欧洲以至全球，失业是年轻人最大的敌人。居高不下的失业现象，正在逐步摧毁一个社会的心智。有人不禁问，欧盟企图以新自由主义政策，来解决由新自由主义所衍生的问题，是否很荒谬？一如 1929 年发生经济大萧条时，时任美国总统胡佛仍然坚持由市场自我调节，以不变应万变，结果危机深化、民怨沸腾，要求改革之声响彻云霄。这令人想到现在欧盟的做法，他们比胡佛更是有过之而无不及，进一步紧缩，扩大私有化，把经济推向深沉的衰退，无助于解决人民的困境，反倒把失业率往上推升。得益的是百分之一，受苦的仍是那百分之九十九。

胡佛因无法拯救经济下台，罗斯福上台，时为 1933 年，美国已进入了恐怖的萧条现象：有半数的银行倒闭，十三万余家企业破产，完全失业的人数达到了一千三百万。罗斯福竞选时，主张政府先行领导大刀阔斧的改革政纲，承担起保障经济稳定和发展的责任。他的不一样的主张为人民带来曙光，把他捧上总统宝座。他一上台，即推行俗称的三R：复兴（Recover）、纾困（Relief）、改革（Reform），后人称之为“罗斯福新政”。[1] 复兴指为失业者制造工作机会，透过扩大政府开支来弥补私人投资下降而出现的空白，令陷入萧条的经济恢复运转；纾困即救助有急需的大批失业者和贫民；改革的意思，就是整顿毫无节制的金融业，他们疯狂的投机活动正是危机的元凶。此外，政府还采取长远措施改善全国总体经济状况。

---

[1] 富兰克林·罗斯福新政详情，可参考由罗斯福亲自撰写的《向前看·在路上：罗斯福新政从纲领到实现》，冠橙出版公司，2012 年。

罗斯福相信，在经济崩溃的处境，唯有真正执行大胆的赤字政策，才能使国民经济走上复兴的轨道。他的新政也的确帮助美国的资本主义制度度过了一场空前大灾难，而“罗斯福新政”遂在美国历史占有非常重要的位置。不过，后世评论对新政也有不少的批评，主要来自市场论者，他们说罗斯福复苏经济是假象，他只不过是玩弄政治手段，为新政制造神话而已。但无论是假相还是真相，至少他恢复了人民的信心，这才有扭转颓势的希望。市场论者有否想过，他们不也是为市场制造了神话吗？！或者这次经济危机无法与1929年的大萧条相比，但两者的爆发原因何其相似，而对一般平民大众的冲击一样不遑多让。当你走在饱受欧债打击至深的国家，萧条景象正吞噬着人心。

现在的欧洲，是否需要一个罗斯福？

民间回响

> “人民的痛苦是在统治者还未预见时已经开始凝固，而革命的情感也随之慢慢形成，想要革命的人只会愈来愈多。”
>
> ——托克维尔（Alexis de Tocqueville）

希腊一场经济大地震，不仅震出了政治危机，也震出了社会的裂痕。有人诉诸社会运动，甚至自称正在进行和平革命，企图带来转变；有人则寻求自救之道，建立另类生活方式；有人却诉诸极端民族主义，法西斯幽灵再现。在2012年希腊国会选举中，被视为希腊的新纳粹党“金色黎明党”，在上次国会选举中（2009年）得票率仅0.2%，但这次竟暴涨到 7%，首度可取得席次进入国会。除金色黎明党外，同样在极右政治光谱上的“独立希腊人”和 LAOS 这两党，亦共取得 13.9% 的选票，再加上金色黎明党，希腊极右势力足以令人担心。

我因好奇这一极右势力在希腊抬头的现象，遂发电邮询问一位去年访问过的希腊社会学家。他立刻给我回了电邮，答案真令我啼笑皆非。原来有希腊选民只看到这些政党反对紧缩政策，便匆匆投下一票，而不知道他们是新纳粹。但，这也不能去除经济危机滋生极端力量的隐忧。事实上，希腊的移民人口已受到极端民族主义者排斥和骚扰。历史告诉我们，严峻的经济状况往往为激进思想铺路，无论是向左转还是往右跑。

在希腊，自 1974 年军人独裁统治瓦解，正式迈向民主时代以来，一直是中间偏右的“新民主党”和中间偏左的“泛希腊社会主义运动”瓜分天下。但这次冒出了一个“激进左派政党联盟”，而且所获得的选票，仅次于新民主党，成为第二大党。在筹组政府的过程中，激进左派政党联盟坚决不与支持紧缩政策的政党合作。结果要重选，虽然新民主党险胜，并最终能筹组联合政府，但其认同度已变得低落，弱势领导已无可避免。

现在，民主的摇篮摇摇欲坠，希腊人不禁问，哪里出了错？希腊有个叫做“我不付钱”（I Don’t Pay）运动，即不替贪心的金融界和政府付代价，其声势愈来愈浩大。他们高喊要追求经济正义，不能姑息养奸。此外，希腊贪腐的代议政制亦成为批判目标，人们要做另一种民主的实验。在希腊，有个运动叫“直接民主运动”，这令人想到古希腊的直接民主模式。美国有个叫“现在就民主”（Democracy Now）的另类媒体，西班牙亦有“现在真民主”（Real Democracy Now）的口号；来到希腊，这里的人索性要实验直接民主（direct democracy）。

所谓直接民主是指公民不通过代表，而直接就政治、经济和社会生活中的重大问题集体作出决策。“直接民主”对希腊人一点也不陌生，民主一词本来首先出现于公元前五世纪的古希腊。当时古代希腊以城邦结构为主，城邦一般是以一座城市为中心、扩展至周边乡村地区而形成的独立国家，以小国寡民为基本特征。国土面积一般从百余平方公里、人口数万，到最大的城邦可拥有八千多平方公里国土、人口可达数十万。这些城邦就是以直接民主方式决定管治之事，不过也得有赖人民积极参与其中。历史记载中，古希腊城邦居民善于终日议事，而他们有这个条件，可归于奴隶制：有奴隶担当日常劳动，人们便可有空余时间投身公共事务。因此，后人便认为随着城邦的崩溃，现代民族国家的兴起，直接民主也变成历史的名词，因为疆域太大，成本昂贵，无法推行直接民主。但理想主义者对此死心不息，思想家对此亦争个不休，例如伏尔泰与卢梭。[1] 现在，当希腊的代议政制不获信任时，希腊人又想起直接民主来。

2011 年的春夏天，从葡萄牙开始出现以占领的方式，抗议金融霸权所造成的经济灾难的运动，全球过百城市响应，并以美国人的占领华尔街行动最吸引国际媒体眼球。我在西班牙时，当地的太阳广场占领者告诉我，葡萄牙人 3 月走上街头，他们问：西班牙人，你们为什么沉默？西班牙人因此在 5 月发起占领行动，他们问：希腊人，你们在睡觉吗？结果，希腊人在火红的夏天占领宪法广场，并成为债务危机

[1] 亨利·古耶（Henri Gouhier）：《卢梭与伏尔泰：两面镜子里的肖像》，裴程译，华东师范大学出版社，2010 年。

直接民主运动在社区建独立媒体，提高社区对时政讨论

以来最惹关注的抗争举动。

在广场上，激昂的歌唱声和悲壮的口号声，响彻云霄。从知识分子、专业人士、退休者、学生到工人阶级，老、中、青，就这样挤满了广场，他们开始自我组织起来，为希腊的将来苦苦思量。有人突然举起一大幅布条，布条上写着：向冷漠说不——直接民主（amesi demokratia），这随即启发了抗争者。但要如何推行呢？

经当地友人介绍，笔者在雅典走访了“直接民主运动”倡议者之一的哈拉兰博斯·马高拉斯（Charalampos Magoulas），他是雅典全国公共卫生学院社会学系教授。已步入中年的马高拉斯教授，不卑不亢，对信念有一种执著。他每个周末都会来到宪法广场，即使占领广场行动已经结束，他仍然在广场上与公众分享另类生活心得。我会见他的当天凑巧是星期天，他与战友把一大批书运到广场上去，来一场活读行动；他们又请来好几位农夫大谈简朴生活，如何自给自足，抗衡危机等自救之道。此外，还有独立社区媒体的工作人员，他们向公众解释怎样监察政府。数天之前，我才参加了他们的大会，全国各地的社区媒体都跑到雅典大学共谋对策，这令我想起委内瑞拉的社区媒体实验。

为了不占用马高拉斯教授太多时间，我一开始即单刀直入，询问他有关听起来不太可能的直接民主运动。教授表示，事实上，“直接民主运动”已经漫延全国。现在，大部分省市里的大小社区，已有居民自组“人民议会”，提高社区的政治意识和鼓励各人积极参与时务。“回想当初危机转坏时，愈来愈多人失业和失去家园，我们尝试协助他们，但又不想他们只懂依赖别人，便说：最终能帮到你们的是你们自己，如果你们不主动做些事情，危机将把每一个人吞噬。之后，他们加入运动队伍，在激烈的讨论下，大家认为，古希腊雅典城邦制中的直接民主，搬到现代社会固然有很多困难，但我们可以此作为一种理想模式，即使不能实践，也可学习当中的精神，就是热情论政、参政。这不是什么政治意识形态，而只是一种生活方式。当然，这只是个开始，还有很多不成熟的地方。无论如何，我们不能坐以待毙，必须对危机有所响应。”

直接民主，这不是什么政治意识形态，而只是一种生活方式。教授这番话，给我的印象特别深刻。最使我感到新奇的，就是他们提出宪法改革，要求增设公民国会（a parliament of the citizens），成员尽量没有党派背景，由全民选出，每年聚会一次，检讨政客每年表现和政策的有效性。若政客表现与竞选承诺有太大的落差，会受到弹劾并随时被轰下台，如贪污更会实时送审。

原来，这个公民国会其实是个古老的组织，由亚里士多德倡议，可见于他的著作《雅典政制》(*Constitution of Athens*)。

谈到自救之道，在此我想分享一个有趣的观察。每天在希腊，都有不少人因失业而不能负担居所，逃之夭夭。但想不到人走了，他们所饲养的狗也立刻变成双失——失去主人和失去家园，流落街头。在雅典市中心，可以看见很多家狗甚至是名种狗到处跑，它们的颈项仍挂有记录它们身份的牌子。一天，我在国会附近广场等候一名被访者，一个怪可怜的现象出现在眼前。有好几只中等身形的狗躺在路边，它们不是睡觉，而是注视每一位路过的人或车辆。原来它们正在等候主人，期待主人终会前来把它们接回温暖的家。当有类似主人的身影经过，它们便会叫吠摆尾，不断追呀追。其中有一条狗便不断追吠一部电动自行车，想它的前主人一定是位电动自行车爱好者吧。它追了整整一条街，结果希望落空，又垂头丧气地慢步返回广场去，然后躺下静待下一次机会。

其实，在市中心一入夜，某些地铁站或街巷里，都会有无家可归者开始扎营休息，更何况是狗呢！在危机中，每个人都得自求多福，寻找自救之道，连狗亦如是。当狗放弃寻找主人后，它们便潇洒地穿梭于游客区食肆林立之地，餐厅主人和游客都有怜悯之心，每天用剩余的食物喂它们。口渴了，它们便跳进喷水池。有示威游行，它们也乐意参加，似乎要与示威者一同抗议这个社会。如是者，这些狗竟日渐心广体胖，叫人啧啧称奇。

至于人呢？有失业的中年人，他们大多本是中产专业人士，有点积蓄，但亦不能坐吃山空。他们想到不如回农村务农去也。我经友人介绍认识一对这样的夫妇，他们异口同声说，危机让他们改变了人生哲

有希腊人发展另类生活，展现社区团结精神

学。他们的口号就是回归基本，寻找自给自足的生活方式。结果，他们启发了年轻人，有年轻人也加入他们的行列。改变了态度，人与狗一同心广体胖起来。当不再执著，生活或许会有转机。前者放弃执著过量的城市物质生活，回归自然；后者放弃执著家狗的生活，没主人一样可以好好生存，处处都可以是家。希腊原本是个农业不俗的国家，不少当地人都有自己的田地，后来随着工业化、城市化，田地给征用或变卖了。

不过，希腊的工业化比西欧国家慢，崎岖的历史进程干扰了希腊工业化进一步往前走，有希腊人甚至说，国家正经历着去工业化，因为在全球化下，特别是加入欧元区后，希腊劳工已不再便宜，工厂逐渐停产，迁移至其他劳动力更廉价的国家。但希腊却不是西欧，不能以尖端科技作优势，以维持经济发展。结果是不驴不马，进退维谷。

有希腊人呼吁再次发展农业，自己首先拿起锄头，取回家族田地，开垦出一片新天地。据统计，自 2008 年金融海啸以来，希腊的农夫数字平均每年增加 6%，虽不算多，但若经济环境继续恶化的话，难保这个回归务农现象不会成为普遍现象。无论他们是否太天真，梦想不可能实现的乌托邦，但这一切反映了什么？从美国到欧洲，愈来愈多人不满现时的民主状况。

马高拉斯教授告诉我，希腊政府本已考虑把一个地区的饮用水服务卖给德国企业，于是他们发动当地居民，每人拿出一百欧元购回这个服务，由当地专家和工人营运。这种回购行动将广及其他产业，他们真正要回购的是民主呢！

未几，我收到基思度的电邮，他说，希腊人不甘于坐以待毙，任由传媒对他们作出过于浅薄简单的评论，甚至肆意抹黑和伤害。他们要让世人了解希腊真正发生了什么事情，并要发动一场全球民间社会团结行动，支持和拯救希腊。读者如果也想听听希腊人的声音，可探访以下网站：

http://antineotaxistes.wordpress.com/2012/03/28/support-our-movement-support-greece/

西班牙的长矛与瘦马

> 好好把握我们所做的，努力掌握一些不致做错事的生活智能。这种“知道如何生活”，就是我们通常所说的“伦理学”。
>
> ——西班牙哲学家费尔南多·萨巴特（Fernando Savater）

可是，伦理学，似乎已经失去了一个应有的位置。“我们会否成为下一个希腊？”

我来到西班牙首都马德里，穿梭于各大小场合，人们之间的窃窃私语，最关注的议题就是：“我们会否成为下一个希腊？”希腊，在欧洲已成为一个毁灭性符号。与希腊同样位于地中海的西班牙，也深深卷入了金融危机的风眼中。

位于康斯埃古拉（Consuegra）的白色风车依然在转动，这里有堂吉诃德的故事。我所入住的旅馆，老板幽默地说，现在西班牙人或许需要怀抱堂吉诃德的精神，才能承受危机带来的冲击。

堂吉诃德的精神是什么？有人说就是阿Q的精神。《堂吉诃德》作者塞万提斯曾参加西班牙对土耳其的一场战役，身负重伤，左臂残废。但他仍然乐观表示：“我断了左臂，右臂因此更加光荣了！”而《堂吉诃德》就是他以一只手臂写成的，书中主角成为作者的写照。之后塞万提斯屡遭不幸，却未言放弃，继续写作。有人认为他的一生展示了堂吉诃德的不屈性格。另一方面，有人则取笑堂吉诃德“疯癫”，活在自己的幻想中。可是，也有人向堂吉诃德的理想主义致敬。他无私无畏，一心要锄强扶弱，铲除恶魔，力抗不公不义，在这个自私贪婪的世界，他成为一股清流。

无论如何，好些西班牙友人都认同旅馆老板的说法，在目前这个时候，西班牙人最需要堂吉诃德，因为他们已别无选择。就在马德里市中心的西班牙广场上，塞万提斯的纪念碑充满历史的忧郁。他，拿着他的巨著，在低头沉思。离他不远处，便是太阳广场。2011 年 5 月 15 日，西班牙人响应邻居葡萄牙人的占领行动，以太阳广场为占领基地，自称“愤怒的一代”（Los Indignados），并用 5 月 15 日命名这一场抗争，叫 5 月 15 运动（15-M）。

怒火，燃烧了整个广场及其周边地方，令人想起《世界人权宣言》起草者黑塞尔的名句：“请你愤怒吧！”占领者半举双手，手掌在猛力摇晃，如颤动的鸟翼，这表示他们一无所有，乃是百分之九十九，正受腐败的政客和贪婪的银行欺压。太阳广场顿时变成埃及的解放广场翻版。西班牙人说，西班牙的新一场民主运动，就在太阳广场开始，他们甚至称之为革命，一场和平的革命。或许，他们真的已经戴上头盔、拿起长矛、骑着瘦马，准备去打心中那美好的战役，为了公义，也为了新社会的建设，跨越党派、阶级、年龄，全民起义。他们大喊：现在真民主！

上图：愤怒的一代举行定期集会，推动群众参与政事

下图：示威者高举双手，颤动双掌，表示属于百分之九十九

中年知识分子也参与愤怒的一代 15-M 行动

历史的轻与重

事实上，占领行动背后的推手，就是“现在真民主”（Real Democracy Now，DRY）和“民主 4.0”。这两个组织早在欧债出现初期就已成立，他们对西班牙现存民主制度感到失望，不得不为民主重新苦苦思量。

为了了解“愤怒的一代”为何称这次运动乃是新一波民主运动，在此有必要简单回顾一下历史。原来，西班牙与希腊一样，经历了迟来的民主转型，并且竟然同是在上世纪七十年代中，结束军人独裁后才绽放民主花朵。有人归咎于转型出了问题，在缺失的政治下让这次经济危机如脱缰之马。想不到，曾是世界历史上最大帝国之一的西班牙，现在却被视为病入膏肓的欧猪国家。对此，西班牙人最为介怀，他们经常会问："为什么要称我们做猪？"

帝国事迹远去，但首都到处都可让人感到昔日帝国的磅礴气势。西班牙曾是全球最重要的殖民国家，当年它对拉丁美洲的资源掠夺，其手段之残酷，令人想到，如今虽然不再以船坚炮利来对他方进行殖民，来维系一个帝国的势力扩张，不过，用现代金融手段不更能杀人于无形吗？！而没有边界的隐形帝国同样叫人不寒而栗。

走在马德里的街头，我不时碰到来自拉美的移民。此外，这里也有显著的伊斯兰人口，他们均折射出西班牙的斑驳历史。从公元八世纪至十五世纪，西班牙被阿拉伯帝国占领，特别是南部，深受伊斯兰文化影响，有"伊斯兰西班牙"之称。随着阿拉伯帝国撤出，西班牙其后历经多个王朝，东征西伐，在十六世纪夺下拉美这个他们眼中的新大陆后，西班牙于是踏上黄金全盛时期，原本可以成为经济中心，但贵族挥霍无度，错过了工业革新，反而把资源外流到欧洲其他地方，促进了法国、英国、荷兰的工业发展。

踏入十九世纪，辗转经过多场主要与英法的欧洲战争，十九世纪末，发生了美国与西班牙的战争（美西战争），最后西班牙连加勒比海殖民领土也未能保住，惨败而回，帝国正式步入黄昏，日落西沉。国内也出现四分五裂的政治状态。在十九世纪初，由于法国入侵而流亡到了加的斯的西班牙议会，在1812年宣布创立第一部现代西班牙自由主义宪法，这即后世知名的加的斯宪法（Cadiz Constitution）。[1] 这部宪法虽曾被西班牙的专制王朝所背弃，但最终仍能为西班牙民主播下种子。不过，自此保皇派与自由派斗个你死我活，革命此起彼伏。即

[1] 参考德尼兹·加亚尔等：《欧洲史》，蔡鸿滨、桂裕芳译，海南出版社，1992年。

使在 1873—1874 年期间西班牙第一个共和国正式成立，共和派系人士与保皇派一样势成水火，政局动荡，王朝复辟又再倒下，第二个共和国出现，国家旋即陷入左右翼阵营之间的恶斗，前者有共产国际和工会支持，后者则有保守天主教势力甚至法西斯为后盾。两阵营的恶斗最终演变成内战（1936—1939）。[1] 虽为西班牙内战，但背后却是国际左右意识形态的较量。来自世界各地的各自支持者，纷纷前往西班牙参战。

根据《橄榄桂冠的召唤》一书[2]，原来支持西班牙共和军的国际纵队里，也有一批华人志愿者。参与了那一场反法西斯战争。此外，《一九八四》的作者英国作家奥威尔（George Orwell）亦是国际纵队一员，支持由西班牙共产党领导的共和军，来对抗军人佛朗哥（Francisco Franco）所领导的右翼集团。原本抱着一腔热诚，可是，奥威尔在前线见尽共产国际领导的国际纵队，其内部残酷的权力斗争和对异己的清洗，大感失望和心寒，回家后写成《一九八四》，对极权主义口诛笔伐。他又将他在西班牙的经历写成《向加泰罗尼亚致敬》，揭露了共产国际就西班牙内战所编造的谎言。而他本人则表示，在认清斯大林式的极权后，他觉得社会民主主义才是可能的出路。事实上，社会民主主义在当代欧洲政治舞台上占有重要的位置。

无论如何，西班牙共和政府在内战中大败，佛朗哥上台后恢复君主国的名义，他自居为摄政王，并实行漫长的法西斯式独裁统治，从 1936 年到 1975 年，直到他病逝才结束。在他统治期间，其极权手腕

[1] 参考马丁·布尔克宏（Martin Blinkhorn）：《西班牙内战》，黄煜文译，麦田出版社，2001 年。

[2] 倪慧如、邹宁远著，（台湾）人间出版社 2001 年出版。简体版更名为《当世界年轻的时候》，由广西师范大学出版社于 2013 年出版。

讽刺性地与奥威尔笔下的《一九八四》不遑多让。这说明什么？政治意识形态的光谱是一个圆形，极左与极右到最后会在某一点碰在一起。而佛朗哥接近四十年的独裁岁月，深深烙在年长一辈的灵魂深处。[1]

“我不能忘记橄榄树林里吹来的那一阵悲风。”这是西班牙著名诗人洛尔加的诗句，但他万万想不到，在 1936 年 8 月的一个清晨，他竟然就在橄榄树林旁，被佛朗哥的长枪队就地正法。

据统计，内战期间，死于长枪党下的亡灵约有六十四万；战后有十多万人遭佛朗哥政权迫害，失踪者无数，并有几十万人被迫流亡，其中包括大提琴家卡萨斯和画家毕加索，前者因不愿为大独裁者演奏而被驱逐。西班牙有一个地方叫“英灵谷”，埋下了众多不知名的佛朗哥政权受害者，有一碣墓志铭这样写着：“这里埋葬着半个西班牙，她死在另外那半个西班牙手里。”

佛朗哥所犯的罪行，随他病逝而沉睡在历史之中。接掌他政权的前朝王子卡洛斯，被佛朗哥在临终时钦点为国王。卡洛斯主动放弃独裁统治，但对过往不作追究，主张各派大和解，好让西班牙踏上民主之路。他这个选择，获不少人称颂，可以说是名留青史。另一方面，有人则认为这是对历史采取集体失忆，未能让西班牙透过转型正义展开真正的民主进程，这种民主难免残缺，因为历史罪行如果得不到正视疏理，社会便有可能潜藏着仇恨和报复，还有欺骗与谎言。更何况，当年佛朗哥政权的官员，有不少过渡至新民主政府。[2] 现在，西班牙

---

[1] 有关佛朗哥功过，Antonio Cazorla Sánchez 撰写的 *Fear and Progress: Ordinary Lives in Franco's Spain, 1939-1975*，从老百姓生活出发，有多角度评论。

[2] Omar G. Encarnacion, "Spain After Franco, Lessons in Democratisation," *World Policy Journal*, Vol.18 Nbr.4, December 2001.

两大党之一的人民党，便成立于佛朗哥政权结束之际，其创始人乃佛朗哥政府的教育旅游部部长。所以从成立之初，人民党就带有浓重的保守色彩，并大肆笼络资本家和贵族，成为经济精英和上层阶级的代言人。

由于受够了四十年的右翼独裁专制，西班牙人对社会党自然有一定的期望和支持。可惜，为了政治平衡及平稳过渡，社会党始终未能大刀阔斧励精图治。反之，其贪腐的面貌逐渐暴露于人前。有历史学家分析说，这可能是社会党人多年受打压，又穷得太久，一旦当政，贪得比有钱人更厉害! 上个世纪九十年代初开始，社会党的贪污案一个接一个曝光，其中的“西班牙国家铁路公司案”被揭发时，震惊朝野。时任卫生部部长的瓦尔韦德，被指控在担任国家铁路公司董事长期间，与社会党其他领导人合谋，用公款进行地产投机，借以牟取暴利。接着是1992年“伊贝尔科事件”，西班牙交易所原所长曼努埃尔·德·拉孔查伙同西班牙银行行长马里亚诺·鲁比奥，利用一家名叫伊贝尔科的皮包公司，操纵金融市场，制造股市风波，导致巴内斯托银行破产，老百姓的储蓄被盗用，辗转入了财政界要人的荷包里。社会党领导人为此不得不向公众道歉，其解释竟是缺乏与损公肥私的人打交道的思想准备，因而受到污染。但人民党也好不到哪里去，一样官商勾结。西班牙人对两党制大表失望。[1]

2011年11月大选前后的西班牙，秋风秋雨愁煞人。盛夏的占领行动已慢慢退下来，取而代之的是周末的公众集会，年轻人依然是主力军，与他们在一起的还有各专业领域的知识分子，他们要寻找国家出

[1] Soeren Kern: Why Corruption Reigns in Spain, July 13, 2011. http://soerenkern.com/web/?p=700.

路，也在思量人民自救之道。我跟着几个刚认识的西班牙友人，前往广场参加公众集会。其中一位叫玛妮，四十出头，通晓四种语言，原本在一家企业当翻译，前一个月给裁掉了。她自知不再年轻，对找新工作不抱希望，但距离退休还有好一段时间，生活如何维持下去？想来心中彷徨，只有与广场上的抗争者站在一起，透过团结才可能找出人生的支点。

广场的抗争者再度高举双手，震动手掌，玛妮用的力度更猛，她似乎很认同演讲者的演说，一如碰上指路明灯。玛妮告诉我，广场不时出现名人讲者。就好像前一个星期，集会期间，突然一阵欢呼声，人们在起哄，她转过头去，一位略胖的女士正在搀扶一名瘦削的老人家，老人家要向在场的人发表讲话。原来这位老人家就是西班牙知名作家何赛·桑贝德罗（Jose Luis Sampedro），九十多岁，行动已不方便，但他仍坚持到广场为抗争者打气，而在他身边的女士则是他太太兼西班牙知名女诗人。

我对老人家心生好奇，他除了是作家外，也是经济学家，我终于有机会成功专访到他。桑贝德罗 1917 年生于巴塞罗那，仅看他的年岁，已足以令我在他面前战战兢兢。他家就位于马德里市中心一个中产地区，周遭都是白色的典雅旧房子。当老人家的太太一打开他们家大门，长长的走廊两边挂了好几张大海报，都是桑贝德罗著作的封面图画，其中一张画里有诗，一位老人侧边全身剪影，背后是朦胧乡村景象，下面有一行西班牙字：*La sonrisa etrusca*。这正是桑贝德罗最新一本小说，台湾和大陆都在第一时间翻译出版了中文版，书名叫《爷爷的微笑》。该小说一出版，即成为西班牙畅销书，狂销了一百万册。

爷爷的故事其实是一页欧洲史，而桑贝德罗本人同样是一部活历史。他孩童时随着全家迁至北非，直到十三岁才回国。1936 年，桑贝德罗受西班牙内战的共和军征召，投身军旅，后来有机会到马德里研读经济。在 1960—1980 年代，他除了在大学教授经济学，也在西班牙对外银行（Banco Exterior de España）服务。1979 年，桑贝德罗出版第一本小说，并于退休后专职写作。

桑贝德罗对西班牙年轻人反金融霸权的占领行动全力支持。九十五岁高龄的他仍然为年轻人站台，他告诉我，他支持年轻人不是因为他们年轻，而是他们的诉求正是他在上世纪四十年代所追求的梦想。桑贝德罗脸上挂着微笑与我说起西班牙的过去。

我问他，西班牙内战是西班牙人的历史伤痛，而大独裁者佛朗哥在内战中胜出，其后建立极右独裁政权，统治西班牙接近四十年之久，他曾经历这段历史，当中有什么教训？可借古喻今吗？他回答说，这可谓是一个血的教训。在历史上，任何革命都会遭到既得利益者的反弹，甚至是很血腥的。西班牙从帝制进入共和，社会里左右翼势力的对抗非常严重，这与当时国际局势很有关系。军人出身的佛朗哥受到德国纳粹和意大利法西斯支持，要摧毁西班牙刚生长出来的民主幼苗，还有本来在冒升中的左翼阵营。佛朗哥的极端手段造成社会很大的裂痕，人变成工具，毫无价值可言。其实任何极端自利的行为都会让人性下滑，祸延苍生。当时年轻的桑贝德罗在恐怖统治下，体会到只有人道主义才是救赎之道。

不过，他对西班牙的民主转型则持正面的评价。他说，佛朗哥临终时，扶植年轻的前朝王子卡洛斯为国王，要求他延续其政权。原本为人所不屑的卡洛斯，却最后成为西班牙人最爱戴的人，原因是他放弃了佛朗哥式的独裁，并解除对西班牙共产党的压制，还与出身佛朗哥集团的新首相苏亚雷斯，以及当年在内战中负责马德里秘密保安工作的卡利约和社会党的领导人冈萨雷斯，共同推动民族和解，使西班牙得以度过重重风波，在佛朗哥死后短短几年，就实现了民主转型，踏上复兴的道路。试想，若没有出污泥而不染的卡洛斯，没有各派放下成见，西班牙可能再发生一次内战。因此，他认为按当时的情况，卡洛斯国王的选择是正确的。

可是，前苏联离心分子索尔仁尼琴曾说："忘记旧事者失双目。"2007年10月31日，寻回历史真相的社会压力，迫使西班牙国会众议院通过《历史记忆法》，第一次以法律形式正式谴责佛朗哥的独裁统治，向死者正名，并对有关家庭作出赔偿。这个法案，在西班牙社会引起极大的回响，受害者家庭纷纷走上街头，喊出多年被压抑的怨愤。自2010年起，每一个星期四，他们举起当年失踪家庭成员的照片，绕着太阳广场外游行，沉默地一步一步行走，他们希望能再次走入历史挖出真相，然后方可走出历史的伤痛。

星夜无语，偶有清风撩动游行者那一把疏落的银发。桑贝德罗叹了一口气，问我是否留意到，马德里的街道上好些建筑物仍残留着佛朗哥时代的标志。佛朗哥犹如阴魂隐藏于我们之间。老作家慨叹西班牙内战其实是第二次世界大战的热身赛。现在，论战争，谈独裁，已不需用战机大炮，血腥镇压，而是以金融工具进行一场超限战，经济独裁一样可以是杀人的武器。不过，原本得力于德国和意大利夺取政权的佛朗哥，在二战中出人意表地选择了中立立场，又利用冷战的国际环境与美国结盟，共同反苏反共，又让美国在西班牙设置军事基地，以换取经济和外交援助，逐步走出困境。

一个经济意念的萌芽

从1960年代初开始，佛朗哥一改之前所实行的国家垄断资本主义，采取逐步对外开放的政策，营造有利外资的环境，西班牙自此从小康经济汇入全球化的大潮流，大踏步追赶欧洲经济发达地区。1982年，西班牙加入北约，1986年又加入欧共体，这意味着西班牙已经被接纳为西方发达国家的一员。西班牙终于卷入世界的现代化大潮之中，找到了自己的位置。

在此，有一点值得一提，就是西班牙的经济哲学发展，从中我们或许可以找到一条轨迹，西班牙如何走到今天的经济模式。原来，随着六七十年代经济起飞，中产阶级逐渐形成，西班牙年轻人爱前往英美名牌大学进修，而英美的大学亦向西班牙学生提供大量奖学金，特别在经济学方面，其中伦敦政治经济学院深受哈耶克影响，而该校也是西班牙经济学学生的至爱。

这令我不期然想到智利，它是芝加哥大学教授米尔顿·弗里德曼（Milton Friedman）在拉美首个实验新自由主义的地方，当时为七十年代初，美国扶助右翼独裁军人皮诺切特，透过军事政变夺取政权，一上台即以“休克疗法”重建国家经济，之后出现所谓“芝加哥子弟”（Chicago Boys），即留学芝加哥大学师承弗里德曼的拉美经济学家，回国后大力推行新自由主义政策，当中有不少获美国奖学金前赴芝加哥大学学习。看来，美国不是白给的，拉美莘莘学子也不是白吃的。在欧洲，则是英国的伦敦政治经济学院扮演了类似角色，而哈耶克更被弗里德曼视为启蒙老师。

自七十年代中期，主张大政府的凯恩斯学派开始走下坡路，信奉自由放任市场的哈耶克学派及其后来的信徒所推动的新自由主义，成功从学院到政经领域争取到了主导地位。有趣的是，西班牙社会党（PSOE）的经济政策，在1982年上台前本来受德国社会民主主义影响，但期间由于有钻研经济的成员从英美学成归来，身居要职，把所学的新自由主义应用到政策厘定上去，迅速改变社会党的经济理念。不过，新自由主义的应用方式会依不同国情和党情而有所不同，有直接的、间接的。例如即使西班牙社会党上台，他们一方面实践新自由主义经济政策，另一方面仍会按党的理念，不忘建构福利制度。

事实上，欧洲拥有所谓“社会意识”的传统[1]，这让欧盟的经济改革与美国的经济政治模式有所不同，但到了二十世纪后期，这种“社会意识”在新自由主义全面扩张下已受冲击，公共服务慢慢交由私有供货商或公私合营企业营运，这对于“欧洲社会模式”中的公共服务伦理观构成威胁，传统工会的力量亦同时受到蚕食。

无论如何，新自由主义在英美还未成为国策前，它早在边陲国家潜伏，伺机出动，在适当时候便与英美来个大合唱。结果，1979年英国保守党的撒切尔夫人（Margret Thatcher），和1981年美国共和党的里根（Ronald Reagan）先后上台，他们向世界推销新自由主义，成为资本主义全球化一个重要分水岭。

路易·罗霍（Luis Angel Rojo）是西班牙最重要的当代经济学家，他在六十年代是凯恩斯学派，在伦敦政治经济学院进修回来后，七十年代初转而拥抱新自由主义。他是马德里康普顿斯大学（Universidad

[1] 欧洲的“社会意识”泛指欧洲人对福利与人权的观念，他们以此自别于美国，并感自豪。“社会意识”的形成在本书第五章有所简述。读者如有兴趣可参考 Jonas Pontusson：*Inequality and Prosperity: Social Europe vs. Liberal America*, Cornell University Press, 2005。

Complutense de Madrid）教授，又曾主管西班牙银行研究服务中心，后来被委任为中央银行的领导人，直至2000年退休离任。他在学术界、智囊机构和金融界，可说是拥有无法想象的影响力，他的弟子亦如是，西班牙人称之为罗霍网络（Rojo's Network），当中包括社会党人和多届财政部部长，并塑造了西班牙在上世纪八九十年代的经济转型，这就是在新自由主义政策下，全面迈向去监管的金融化，为日后以房地产为主导的经济模式埋下危险伏线。

事实上，西班牙社会党比右翼的人民党更渴望融入欧洲的大家庭，以展示西班牙在后佛朗哥时代追求民主、和平的决心，同时也为了扩展经济。社会党1982—1996年执政期间，率先在1986年加入欧盟前身组织欧共体，其后又成为欧元主要倡议者之一。欧盟早在八十年代就跟随英美推行新自由主义政策。为了提高竞争力，致使其一体化进程日益受到新自由主义的支配，例如加大自由化、去监管化，以促成欧洲和欧洲之外的跨国资本自由流动，而欧元的创立，正是要让欧盟各国的金融市场统一起来，好让资本在欧洲更畅通无阻。西班牙在这方面亦万事俱备，时机一到，便水到渠成。

当1996年西班牙人民党（PP）执掌政权，欧盟的金融化进入高峰，人民党政府便借后者透过信贷扩张政策所提供的低利率环境，大肆发展高利润的房地产产业，并把这产业变成西班牙经济的主要动力，不断推高GDP，炮制出虚假的繁华景象。如今当我走在太阳广场上，穿梭于示威群众之间，除了年轻人叫苦连天外，当中也有不少房地产泡沫破灭的受害者，荷西就是其中一位。在集会中，我刚好坐在他身边，我们很快便打开话匣子。荷西一谈到房地产政策就怒火中烧，指出人民党的不是，他们助长了银行业的霸权。他说："在西班牙，有一

西班牙人民党从佛朗哥政权解放出来

项荒谬且不公的政策，就是如果你供不起房子，银行自然会把你的房子没收、拍卖。可是，这还不算数，即使你已被逐出街头，你仍得要向银行还清余下的房债。”在西班牙，银行比任何地方更活像吸血鬼。危机前，大家给蒙骗在房地产荣景的泡沫里，加上银行作出不负责任的借贷，不少西班牙人都热衷于置业。一朝繁华梦碎，人们惊觉不仅成为政客失误政策的祭品，还要给银行迫得走投无路，这还不算，竟然倒过头来要承受紧缩去帮助银行还债。

“过去人民党政府解除外资活动的监管，并准许抵押市场自由化，金融机构之间的竞争亦随即变得激烈。为了增加需求，我们被鼓励不断消费、消费、再消费。但我们的工资跟不上啊！你知道吗，西班牙的工资与西欧比较，属低水平。银行却对我们说，不要紧，低息贷款，政府还提供优惠津贴，我们纷纷争相上车做业主。与此同时，欧盟其他成员国的投资者也来西班牙大肆炒作房地产，把通胀大幅推高了。”荷西还告诉我，在2003年，人民党政府放宽土地市场，容许自由化运作，地方政府借机敛财，隐蔽贪污盛行。荷西形容1996年至2004年为疯狂的八年。

据统计，西班牙的房价自1997年至2005年暴涨177%，成为欧盟国家第二大的最高涨幅，仅次于英国，但西班牙的工资却在十五个欧盟资深成员国中倒数第二，仅高于葡萄牙。大家都依赖借贷来维系高增长的经济，这让西班牙的债务非常复杂，当中有银行债、地方债和私人债。在一环扣一环的恶性循环下，形成了复合型的债务危机。[1]不过，在众多债务之中，使西班牙泥足深陷的，主要是银行债。银行债的问题来自房地产泡沫破灭后，银行出现大量呆坏账，必须要靠政府伸手救助，因而引发主权债务危机。

自西班牙于1999年初加入欧元区后，倚仗银行债务为基础的建筑业及相关产业的投资，更变本加厉，西班牙企业的利润暴增。能炮制出如此之大的经济泡沫，没有政府的协助，岂能成事？新自由主义强调不干预政策，其实如果没有政府的干预，跨国资本又怎可享受毫无节制的自由，出事后又岂能获得政府的援助？！举个例子，只要看看西班牙的政商关系，便可略知一二。在2011年大选重获政权的人民党政府中，其财政部长路易·德金多斯（Luis de Guindos），便是西班牙雷曼兄弟倒闭前的主管。另一位曾在1996年至2004年任人民党政府的财政部长罗德里戈·拉托（Rodrigo Rato），卸任后随即成为国际

[1] 西班牙危机爆发后，有不少评论直指其金融与地产是元凶，较有系统研究可参考：Carrie Harrington: *The Spanish Financial Crisis*, 2011. http://ebook.law.uiowa.edu/ebook/content/spanish-financial-crisis.

西班牙人讽刺政客不再代表人民利益

上图：债务危机引发各种示威

下图：西班牙人向金融独裁说不

货币基金组织总裁至2007年，2010年转往西班牙第四大银行班基亚银行（Bankia Bank）出任主席，至2012年该银行破产为止。

班基亚银行与房地产相关的不良资产高达375亿欧元，需政府注资230亿欧元，这正好是政府于2012年的总削减赤字数目。无论在医疗、教育还是社会福利上，西班牙民众都得面临大幅紧缩。紧缩不仅没有让西班牙经济出现转机，反之，该国正陷于历史性高失业状况，保守的官方失业率已达25%，三十岁以下的失业人口更惊人，迫近50%，而且不断恶化。西班牙经济学家兼作家桑贝德罗直指削减赤字行动正在摧毁西班牙年轻的一代，他们抗争有理。

但是，有人认为太阳广场上的愤怒一代是疯子，桑贝德罗反问："他们是疯子吗？不！他们受骗了。事实上，在太阳广场上大声说不的，不仅是年轻人，也有来自各阶层、各年龄组别的受害人，他们过去都被蒙骗了！过去，西班牙的经济精英控制媒体，塑造舆论，但这不是大众的意见，只是媒体的意见，而媒体的意见就是经济精英的意见。"我连番点头表示认同，最悲哀的是，一般国际传媒只关心欧债会不会推倒全球经济，当国际货币基金组织和欧盟说，只有削减赤字才是出路，大家也跟着这样说。对于那些反紧缩的老百姓，便认为他们自私，不愿同舟共济。可怜的老百姓，给愚弄了还遭抹黑。

桑贝德罗继续说："人们被洗脑了，失去了独立思考与批判能力，他们只是按媒体的信息与言论来作判断与决定。除了媒体，还有教育机构，教育机构也是制造新自由主义共识的帮凶。换言之，统治阶层与经济精英是最佳拍档，没有他们的合作，新自由主义便不会如脱缰之马，资本也不会如此横行无忌，并透过金融全球化而谋取利润最大化，我们则成为他们的奴隶……西班牙的资本主义与民主制度走到今天，已经因贪腐导致百病丛生，随时倒下，不能不作出改变了。在太阳广场，我看到一线曙光。”

民主在这里沉思

看尽西班牙一页沧桑历史的桑贝德罗认为，目前的两党制必须有所改变，这制度是现今西班牙所面对政经问题的一部分。两党制过去令政党腐败，人民党与社会党同样是烂苹果，人们没有选择，如果能出现其他可以夺取强势的政党，他相信西班牙的政治生态会有所改变。正如他之前所说，商业媒体操控了人民的脑袋，他们利用危机来恫吓选民，而代表企业利益的人民党，竟被塑造成“救星”。但制度已经崩溃了，受到危机打击至深的年轻人，他们醒觉到只有重建人的价值，社会才有出路。从他们开始，老作家相信改变即将降临。

对，有人已开始估计，欧洲已跳出最后的探戈，下一波革命可能就在这个大陆。已故西班牙文学大师弗朗西斯科·阿亚拉（Fransciso Ayala）在作品中，也一样总会在悲观过后留有一线希望。国王卡洛斯在阿亚拉百岁寿辰庆祝宴上，这样评价大师的文学成就：“他对现实的分析——严厉、理性、深刻而又自由——远非把吾辈引往悲观了事，而是始终让人一窥希望之微光，此乃实现我等梦想之最现实的通途。”阿亚拉在佛朗哥时代曾流亡海外四十年，但一直未言放弃，终于辗转回到故乡，写下多部经典的流亡文学。或许，很讽刺的是，西班牙人与曾被他们征服过的拉丁美洲人一样，血液里流淌着骑士的乐观梦想。而西班牙的年轻人，会否就此成为改变国家的推手？

不过，仍有报道认为这是一场不满现状的双失青年运动，他们既没有工作又缺乏学历。空有满腹的愤怒，到底有没有办法延续下去？国际货币基金组织前主席卡恩索性指责他们是“迷失的一代”，有人甚至说是无政府主义的小流氓。这种看法在当地华人圈子中最为普遍。2011 年大选前夕，笔者约了西班牙马德里总工商会唯一华人常务委员虞洪光了解情况。从事贸易的虞洪光，也是唯一涉足西班牙主流政治的华人，他曾是互助党（Partid Multuo Apoyo Romantico，PMAR）的领导人之一，但该党现已解散。

我们经过太阳广场，当时有大群 15-M 运动成员聚集。虞洪光认为他们在闹着玩，只一味高叫推倒制度，却又未能提出可行的替代建议。他表示，救国之途应是先把政治分歧搁置，大家共同努力打拼经济。他坦承支持属右派的人民党，而西班牙工商界也正期待该党强势回归。他说，人民党党魁拉霍伊（Mariano Rajoy）是位不懂花言巧语的实干派，对经济问题很熟悉。该党于 1996—2004 年执政期间，把西班牙带上经济繁荣之路，失业率从 22% 大降至 11%，通胀亦受控到 2%，没有财政赤字。2004 年的大选，人民党不是输在政绩，而是由于参与伊拉克战争和由此引发发生的“三·一一大爆炸”。虞洪光告诉我，西班牙几乎全国人民都在反对伊拉克战争，反战情绪非常高涨。在这方面，人民党的确是逆了民意。不过，人民党于上次执政制造了所谓经济繁荣这一论调，一如前述，已不攻自破。

与虞洪光道别过后，我返回广场。抗争者虽已结束全天候的占领，但仍维持周末的公开集会。在集会上，大家对国家债务的来龙去脉继续议论纷纷。一位 15-M 运动主要成员米盖尔（Miguel Castillio）高呼表示：“2007 年以前所谓经济繁荣其实只是建立在脆弱的金融产业

西班牙报刊讽刺人民脑袋被阉割

上图：谁杀死了民主？

下图：西班牙是人文荟萃之地，近年人民却发出天问上，这正是引爆这一场经济危机的炸弹。”大家一再摇摆高举的双手，示意赞同。那么，西班牙应该从改变经济结构开始。

会后，我与米盖尔一边讨论，一边在市中心漫步。如果你是一般游客，来到这里，单凭市面的气氛，并不会感到当地人民的危机感。因为街头依然人来人往，露天咖啡店一样有人在喝咖啡、看书、谈天说地。商店货品琳琅满目，或许只是多了减价货品而已。但只要一打开报纸，扭开电视机，有关债务危机的消息和评论便如雪片飞舞，欧元区解体的可能性高唱入云。如果再向商户查询生意情况，他们都会作无可奈何状，叹息说：“生意暴跌了五六成呢！”无论是哪个行业，包括出租车司机，大家都望天打卦。虞洪光亦说，有西班牙华人表示再多观察一会，不然宁愿回中国去。

米盖尔指向一些豪宅区，告诉我，新建的豪宅区十室九空。但曾几何时，西班牙的房地产为人民带来了多少繁华梦！这正如我前述指出，自九十年代后期开始，房地产竟是西班牙的主要经济支柱之一。据统计，在1999年到2007年期间，西班牙房地产业不断被炒作上升，不少地产商一夜暴富，投资者也获利甚丰。当时西班牙竟占到欧洲地区新建设的三分之二，而有三分之一人口从事地产及建筑等相关行业，其数字非常惊人。直到2008年年底房地产泡沫行将破灭之时，房地产开发商获得的贷款总量达5000亿欧元，差不多是西班牙年GDP的一半。由房地产业所带动的相关产业如建筑等，对西班牙国内生产总值增长贡献率达到18%。再者，西班牙在欧元区单一货币体中享受着低利率，低利率带来信贷潮，而房地产和建筑业的高速发展，亦的确创造了不少就业机会，只是这并不持久。

我与西班牙人聊天时，话题总离不开困扰他们国家的债务，他们寻根究底，皆因如梦初醒。米盖尔慨叹说，这就是人民党上次在位时全力推动资本主义金融化，同时亦是新自由主义极力鼓吹资本自由流动和最大利润无限化的结果。本来西班牙过去曾是全球第二十大经济体，世界第十五个最发达的国家，欧洲第五大经济增长最快速的地方。可是，如今已烟消云散，一切皆泡沫。

“即使在房地产荣景时就业大增，现也已证明了不过是镜花水月，骗人的。人们却抱有幻想，向人民党投下一票。但成也新自由主义，败也新自由主义。2007 年随着美国次贷问题浮现，全球金融海啸涌来之前，西班牙的经济泡沫已随利息上升率先爆破，房地产兵败如山倒，这随即引发大规模失业潮，其实社会党乃是承受了人民党埋下的恶果。不过，在此我并不是要为社会党辩护，他们也好不到那里去，一样服膺于金融霸权。”

没错，社会党在 2004 年上台后，一样只懂巩固金融霸权，他们已无力扭转现状，其后再碰上了全球性经济危机，西班牙国内经济兵败如山倒，社会党无法提出振兴经济的措施，备受社会责难。

“我们需要改变！”另一位 15-M 成员法维奥（Fabio Gandara）气愤地说。大选过后，我约了好几位 15-M 成员再聚。他们七嘴八舌，有不少要发泄的怨气。法维奥继续表示：“一如美国和西欧，西班牙大量救助金融业，造成了政府债务高居不下，现在却说要削减赤字，但所削的不是罪魁祸首的金融业，而是公共服务如教育、医疗和老百姓的衣食住行，甚至连饮用水也要私有化。”

社会党下台前早已向欧盟、世界银行和 IMF 低头，如今上台的人民党更表示会全力满足他们的要求，加快紧缩步伐，教育和医疗首当其冲。我一来到马德里，便碰上大学生为抗议教育扩大私有化上街示威，医护人员也为大幅削减人手发愁。“教育是人权！”学生们高举拳头，从远至近，我看到上千人头攒动，标语旗帜飘扬。他们走在通往国会的 Gran Via 大马路上，两旁商店的霓虹光管在闪动，闪动的灯影落在学生的脸庞。但缤纷的色彩掩盖不了苍白虚怯的政治，示威者继续前进。“教育是人权！”学生们一再挥舞手中的标语。就在马德里闹市这一个寒冷的晚上，我感到热血在沸腾。

法维奥向我介绍其中一位参与的学生娜拉，我们就在高分贝的抗议声中一边交谈，一边跟大队走。娜拉说，1975 年之前，佛朗哥独揽大权，完全不把人民福祉当回事，教育更只是富人的教育，使整个国家人民素质不高。直到 1975 年佛朗哥逝世，西班牙开始民主进程，教育渐趋普及，现在西班牙拥有良好的公立教育，人民质素也大大提高了。娜拉继续说：“我们怎么忍看教育要走回头路，教育是一国之本啊！”跟着，她也挥动拳头，与大伙儿一起游行至国会去。

也许是近来有太多抗议活动，西班牙警察对此表现得十分不耐烦。当我跟着学生跑到国会大楼，他们一排排走上国会前的台阶摇旗呐喊。我见到其中一名学生拿着示威牌，上写：“休克主义——娜奥米·克莱恩”(Shock Doctrine—Naomi Klein)，我感到很有趣，想不到克莱恩这本《休克主义》在香港销量冷清，但在欧洲，尤其是欧洲人面对危机震荡要削减赤字之时，便如及时雨，为他们破解谜团，指出资本主义如何利用灾难进行某个地区某个国家甚至世界的改造，来配合自由市场的发展。

我想得入神，拍了一张照片，正准备拍第二张时，防暴警察便冲过来了。他们抓了几个学生就打。很快有一辆警车到来，它故意挡着这个场面，警察把学生拖到警车背后，我便什么也看不到了。未几，

西班牙人质疑代议制，呼吁杯葛选举

防暴警察更使用催泪弹，阻止示威者再次走近国会大楼。不消一分钟，整个国会附近地区被封锁，示威学生四散。从热闹旋即归于平静，留下的只是一阵阵催泪弹的白色余烟，我的眼睛睁不开了。幸好娜拉与我同行，她一手拉我离开现场。在娜拉解释过后，我才知道原来西班牙所有官方机构都受到保护，示威者不能靠近，一靠近便会遭到上述的惩罚。

我好奇地问，那是国会，代表人民的机关啊！不能靠近去表达意见吗？娜拉肯定地说：是啊！这就是西班牙的“民主”。娜拉念的是历史，还有一年便大学毕业。可是，她有心理准备找不到全职工作。她爸爸在半年前也加入了失业大军，妈妈做兼职帮补家计。“这不仅冲击了我们的经济生活，在心理上，我们感到很大的伤害。爸爸失业后大大减少了社交活动，脾气变得暴躁，家人的关系不如以前。最重要的是，前面的路愈来愈黑暗，我很害怕。”娜拉说时眼泛泪光，问我知不知道，削减赤字已经成为变相屠杀。

从失业到失去家园，现在更要面对饥饿的问题。单看数字，令人震惊。据统计，西班牙人口四千多万，活在贫穷线下的人数竟达22%，另有一千一百多万接近贫穷边缘。求助于食物银行的人数不断增加。在食物银行外排队的，不乏原本来自中产阶层的人，他们感到连做人的尊严也失去了。娜拉表示，她也曾代妈妈去食物银行，大家都垂下头，又或左闪右避，生怕给邻居认出来。有些食物银行索性改装一下陈设，看起来较像超级市场，让求助者好过一点。“过去有人告诉我，我们的国家是欧盟第四大经济体，经济产值居全球第十位等等，为什么一下子落得如斯田地？人民被迫掉进贫穷线啊！”

“我，和我的家庭并不孤独。当我们走到街头，便知道我们不孤独。

我们是那百分之九十九！”在接下来的周末，娜拉，还有法维奥和米盖尔，以及我不认识的年轻人，他们浩浩荡荡跑去马德里酒店开大会。

失败者的力量

说来也真有趣。那家马德里酒店，三星级，在太阳广场附近。2011年年初因生意不景气而停止营业，空置了半年。到10月15号15-M结束响应全球大游行后，他们便协助无家可归者“占领”酒店。现在酒店俨如一个社区，有组织有生活，经传媒报道后，吸引了不少游客参观，并视之为另类景点呢！

我应邀前往。酒店门外挂满大幅海报，海报上有15-M的标志，也有一双双颤动的手的图画。踏入酒店，大堂有保安把守，都是义工，他们不时要对付警察的骚扰。我随即登上二楼，原来的餐厅现已成为15-M的议事厅，每天都有大小会议在这里举行。议事厅对面是个小酒吧，后面则是厨房了。墙壁上贴有当值时间表，哪组人该买菜、煮饭、清洁，一目了然。他们还设立了一个传讯部和活动组，负责内外消息传达和活动安排，井然有序。

“这里已形成一个小社会，我们的‘大脑’就在议事厅，每个人都参与讨论、决策，然后执行。”安东尼奥向我介绍这个小社会的运作。他是个三失人士：失业失婚且无家，曾流落街头。不过，他现在却充满自信与平安，因为他现在有可团结一致的战友，他们从中互相学习扶助，流露兄弟姊妹的情谊。

危机，让他们更靠近。安东尼奥特别带我到他房间参观，房间没

作者（左三）采访 15-M 国际事务组

有想象中好，很多地方失修，但安东尼奥表示已很满足，他从没有想过可进驻酒店。他与室友摆了个调皮的姿态让我拍照。道别过后，他向另一个走廊方向蹒跚前行。我望着他的背影，他室友放低声音告诉我，他本是个在街头上放弃了自己的“失败者”，15-M 把他拯救了。“或许，我们全都被外界视为失败者。现在，失败者要显示力量！”

议事厅热闹非常，不仅有马德里 15-M 成员在场，来自多个省份的 15-M 成员也来了。大家在讨论人民社区议会的运作问题，如何加强人民直接参与政策的制定，并可在互联网上与议员共同辩论、共同投票。此外，他们又建议改革选举制度。每一个人都一脸认真，手中一叠报告，争相发表意见，不然便是不停在写笔记。我站在一角，静静观察，心中不无感动，他们没有批评者口中的胡闹，也不是小混混，他们只不过对统治者死心了，他们要学习如何做自己的主人呢！

回想初来到马德里的时候，遇上15-M公布举办大游行，怎知变成小游行，警察多于游行参与者，与几个月前的数十万人以至百万人游行，不可同日而语。评论者包括我在内，还以为愤怒的运动已失去动力，大家又回归过去的生活了。原来这都是错误的观察。由于一年来游行示威太多，人们认为暂须停一停，想一想，但并不表示他们放弃抗争。反之，他们后来从街上转到社区去，让运动生根。15-M在每个社区自发成立了人民社区议会，周末与居民举行会议，商讨如何把社区力量壮大起来。在保守的社区，他们当然难成气候，但在穷人社区，他们则甚受欢迎。从马德里到巴塞罗那，又从巴伦西亚（Valencia）到马拉加（Malaga），全国各地都出现人民社区议会，可谓遍地开花。

结束马德里的行程，我坐大巴前往巴塞罗那这座名城，加泰罗尼亚自治区首府，听闻那里的占领行动一样声势浩大。原本早已沉寂的独立运动，随着经济危机再次蠢蠢欲动。巴士抵达时已近黄昏，在夕阳余晖下，该地的历史建筑显得分外慑人，我隐约听到它们在诉说各自的宏大历史故事。还有属于加泰罗尼亚独有的现代建筑艺术，鬼斧神工，划破天际。我的心有点醉了，这个城市让人相信世上会有奇迹。

巴塞罗那也是15-M的大本营。第二天，我迫不及待去找他们。奇怪的是，我随便问街上任何一个人，他都可以告诉你，哪里有被15-M占领的建筑物。就在市中心一个商业区，有一家房地产公司，早于一年前倒闭，整栋办公大楼一直闲置着，15-M成员便把它占领下来，作居住及开会、联络之用。怎知我去探访他们当天，他们正接到警方警告通知，勒令他们当天晚上迁出，否则会采取拘捕行动。大楼内气氛紧张，大门与窗户紧闭。门外的一张长桌上，原本摆满传单和小册子，这时被风吹倒，四散在地上。负责人终于出来收拾“残局”，

上图：占领空置酒店行动

下图：无家者在占领行动中重拾自信

我上前表示来意，他有点心不在焉。

我留意到内里有群深肤色人士在徘徊，还有小孩蹦跳玩耍。负责人表示，经济不景气，首当其冲的是从非洲来的新移民。有些城镇开始浮现种族主义，反移民示威不时发生。他摇头叹息，这些移民是社会最底层，本已没什么经济条件，现在更是如跌进地狱，是 15-M 主动向他们伸出援手。他匆匆在一张废纸写上一个人的名字、电话和地址，说他能帮助我。交给我后，他旋即返回大楼内。“砰”的一声，大门再次紧闭。

第二天我回到该处，大楼已空空如也，凌乱不堪。附近一家杂货店老板告诉我，前一个晚上，警方浩浩荡荡到来，与占领者缠斗了好一会。大人的叫骂，小孩的哭喊，乱作一团。如今是人去楼空，阳光虽灿烂，但寒风阵阵。我想，在他们的身上，有我们应该知道的故事。

我按照先前给我的地址来到巴塞罗那北边的社区，找一位叫劳卡（Rok）的 15-M 成员。原来该地址又是另一个被 15-M 占领的地方。这里看来是个还未盖好的公寓。我到访时，劳卡正在厨房进行工程作业。劳卡是位大学毕业刚一年的年轻人，修读音乐。我笑他为什么竟能卷起衣袖，干起工程粗活来？他苦笑道，形势所迫啊！在这个公寓里，大部分是妇孺老弱。他告诉我，有不少地产发展商由于资金断绝，以及供过于求，房子卖不出去，只好停建。西班牙现在到处可见未盖好的公寓和写字楼，空空荡荡。结果造成“有屋没人住，有人没屋住”的普遍现象。15-M 遂帮助流离失所的家庭“占领”闲置的公寓，而且这种“占领”逐渐茁壮起来。

“不过，这里的厨房和洗手间没有做好便停建了。我和其他战友在外捡拾一些弃置的材料，要为留宿在这里的无家可归者完成居所的建造。附近有邻居是建筑工人，他们都会来帮忙。嘿！危机令我们守望相助。”劳卡一脸稚气，得意地说。对，他们真的学会了守望相助。在这个社区，很多居民都在家门外挂上布条，支持 15-M 的占领行动，谴责警方的指控。这些布条随风飘扬，似在发出呐喊的声音。

危机中的西班牙，每天都有人失去家园。记得数年前我在巴勒斯坦，目击巴人怎样受驱赶，房子怎样给拆掉，一家大小哭哭啼啼。但，那是被占领的巴勒斯坦，不是经济发达的西方独立国家。我实在无法置信，这里是西班牙啊！一个曾是世界主要经济体的民主地方。看到西班牙家庭带着幼孩被人赶出家园的境况，怎不令我心酸！他们更要面对失业之苦。年轻人不愿坐以待毙，走进社区协助无助家庭“占领”建筑物，有个暂时居所。当然，他们也无时无刻不在面临警方的骚扰。

有些西班牙的医院因削减赤字而不能七天营运，为了缩减开支，竟然可以有几天关门大吉，医务人员被迫无薪放假，变相处于半失业状态。最不合理的，就是影响到社区的医疗护理。教育也如是。在学校，小班变大班，教师数目减少，一些设施也被削减，例如教学器材等。我不禁好奇，图书馆会不会因经费紧绌而不订购新书？

难怪西班牙会出现“愤怒的一代”15-M。15-M 不再扎营上街了，转而在社区推动参与式民主。不仅“占领”空置公寓，还“占领”医院，阻止医院关门，透过人民议会，直接向政府交涉。与希腊一样，他们正在进行一场新民主运动的实验呢！当欧盟大国要削弱这些欧猪国家的民主元素之际，年轻人不甘心，他们要借机大搞另类民主，值得我们关心。

在另类民主中见另类经济生活，时间银行是其中一个重要模式。15-M 成立“时间银行网络”，协助有兴趣的社区创办时间银行。原来，这个模式并不新鲜，早在上世纪八十年代，一位美国人埃德加·卡恩(Edgar Cahn)率先提出并创立时间银行，目的是能为社会变革带来一些经济和精神效益。[1] 在互助的平等互惠中，提升个人生活质量，创造社区网络与社会资本。卡恩是伦敦经济学院的资深研究员，他的理论，在于劳动不分贵贱，不管是盖房子，还是照顾小孩，每个人的工作时间都是平等的。因此，他设计了时间银行系统，把每个参与者的工作时间或接受服务的时间，按小时记录下来，当有需要时，参与者可以用所储蓄或透支的时间，来换取或提供相等时间的服务。

为什么卡恩会想出时间银行这个模式？这与他经历了一次大面积心肌梗塞有关。复原后，他对生命有了重新的认知，他有感于人类的友爱精神，可把生活面貌提升，并且可共同跨越困难。这种银行只涉及时间，没有金钱交易，也不涉及利息和金融衍生工具，因此参与者无需担心。对于受尽大商业银行欺骗的欧猪国家人民，时间银行成为他们的心灵鸡汤。当然，在运作上还是有价值计算，在此不赘。

现在，北美、欧洲和亚洲二十三个国家的三百多个社区都设有时间银行。中国的南宁、南京、重庆等城市也有个别社区实践这种模式。台湾的北投文化基金会也推出了时间银行，好让有心学习却有经济压力者，以提供义工服务的方式，来换取北投优质壮游行程与课程的机会；服务时间可储存，也可预支；可以先当义工累积时数，也可以预支时间银行先参加活动或课程。

在西班牙南部马拉格，当地社区更进一步设置一个网址作为平台，

---

[1] 许宝强：《资本主义不是什么》，第八章“另类贸易”，上海人民出版社，2007；Edgar Cahn: *No More Throw-Away People: The Co-Production Imperative*, 2nd Edition, Essential Book Ltd., 2004.

上图：音乐小子劳卡受 15–M 运动感召，改变人生

下图：西班牙社区支持 15–M 运动

人们可以赚取虚拟货币，并以此来换取货物。不过，有社区索性自创社区货币，抗衡欧元，实行人民自救，令我大开眼界。“时间银行网络”联络人荷西芬娜（Josefina Altes）在一个公开论坛上说，时间银行乃是一种手段，可让处于经济边缘的人士，重投经济活动，而社区货币或虚拟货币与时间银行的概念相同。当经济危机愈见加深，愈多社区加入这个另类经济计划。

直到2012年，西班牙全国共有325家时间银行和社区货币制度成立，可算是现代社会一个最大社区货币的实验。英国利物浦大学的彼得·诺斯（Peter North）有两本著作，讲述另类货币的可能性，分别是《金钱与解放》（*Money and Liberation*）和《作为全球化挑战的另类货币运动》（*Alternative Currency As a Challenge to Globalisation*）。诺斯认为，过去也有其他地方进行社区货币实验，可惜大多未能维持下去。但他相信西班牙的这个实验将会有持续性，因为有15-M在全国推动。

“面对经济制度濒临崩溃，我们意识到需要稍微调整一下过去的个人主义生活方式。我们得要合作创出一种新的互助生活，那必须靠大家的觉醒和参与。”一位社区居民这样向我说。他的心声其实有其代表性，因此，15-M受到相当支持，参与式民主一时成为可行的另类选择和出路。

除了时间银行外，15-M又与邻舍组织合作推动城市农耕（city farming）。古巴于上世纪九十年代面对石油供应危机，人民生活大受影响，城市农耕便是他们发明的一种很成功的自救手段。不过，古巴人这个项目有政府支持，但15-M却是占用城市的闲置公地，来把它变成菜园，他们要求政府合法化这个行动计划。劳卡告诉我，城市农耕不仅为了生存，它更是一种有意义的劳动，除了可孕育农作物，也可孕育出社会关系，加强社区精神和居民的归属感，同时也能让失业人士重拾劳动的尊严。“最重要的是，透过城市农耕，我们对全球粮食被垄断的敏感度大大提高，其背后的政治经济原因，我们有必要去挑战。”15-M 节节进逼。我想，在这个世代，我们需要一种范式转换(paradigm shift)。

在巴塞罗那认识劳卡这个小伙子，是一件愉快的事。我们走在街上，他数度重复说他如获新生，实在不可思议。我拍拍他的肩头，说他很幸运，这么年轻便可以有所领悟，有些人活到老还不知道为什么而活。劳卡的故事令我感动。他在占领广场行动刚开始的 2011 年 5 月 18 日路经广场，当时有一大群人集会抗议政府处理危机的手法。他不知就里，一问之下好奇参加，逐渐发觉人应该为不公义的事情发声，遂一头栽进这场声势浩大的运动里去。他说，过去他只关心自己的音乐世界，组乐队唱歌玩乐。在广场过了几天后，他开始明白什么叫使命，他为他的音乐赋予了使命，也为人生赋予了使命。他一改以前一味追求消费的方式，回归简朴。在这过程中，他发现了人的价值，他要为这些价值而奋斗。

劳卡形容这场人民之战，其实是一场人道运动(Movement of Humanity)，我竖起大拇指表示十分赞同。他天真烂漫地请我看看他，他从头上的帽子到脚下的运动鞋，都是“人弃我取”，连计算机也是。他不需要有 iPhone、醒目的外衣、名牌运动鞋，一样可以活得很有意义。他每天黄昏待街市快要关门时，便跑去捡拾被丢弃的食物，运送到无家可归者“占领”的居所，又在街头捡拾一些建筑材料，帮助他们在设备不全的借来居所盖厨房和洗手间。

过去以为没有可能的事，今天都变成有可能了。劳卡还在占领广场行动之后，参与游行至欧盟总部布鲁塞尔抗议。他说，真是神奇，他出发时口袋里只有两欧元，到达布鲁塞尔时两欧元还在。沿路有人捐食物，借地方给他们洗澡休息，又或捡拾可循环再用的东西维持生活。一切就是这么简单。

我与他挥别后，接着的一个月，他和其他运动者再来一次游行至罗马，目的是提醒大众，每一个人都有能力作出改变。对，即使只坐在瘦马上，手中需要的也只是一根长矛而已！

北非：停不了的革命

呼唤新埃及

我是一棵树

向墙壁伸展着枝叶

我不在乎你的樵夫

如果你听到我心中的渴望……

——阿穆德·巴布拉（Ahmed Balbla）

《埃及之外》（*Egypt Outside Myself*）

我依在埃及的亚历山大港海滨旁，遥望对岸，不禁落入沉思之中。北非与南欧只是一水之隔，无论在地理上和历史上，都是这么理所当然有着密切的关系。例如突尼斯首都突尼斯与意大利的西西里岛，以及西班牙的马拉加和摩洛哥，就好像伸手即可触及。在西班牙，我嗅到阿拉伯的香油味道；在突尼斯，其蓝色与白色的建筑物，与希腊一样同呼：我的名字叫“蓝”。

翻开历史，希腊马其顿时期的亚历山大大帝在欧洲与北非地区东征西讨；古罗马的恺撒大帝却又在地中海称雄。到了中世纪，北非的摩洛哥持续盛世四百年，南欧的安达卢西亚和葡萄牙都曾向北非王国俯首称臣。不过，葡萄牙很快便反制北非，以至非洲其他地方，在北非休达建立第一个殖民据点。自第一次世界大战奥斯曼帝国瓦解后，北非便在托管或殖民的形式下，分别落入欧洲列强手中。例如埃及受英国托管，意大利吞下利比亚，而法国则殖民突尼斯和阿尔及利亚。即使这些北非国家相继独立，欧洲仍然视北非为他们的“后花园”。[1]

地中海文明，就在欧洲与北非之间所泛起的历史波涛中孕育而成。仰望地中海的天空，繁星点点；一轮弯月拥抱着无数个悲喜交缠的历史故事，而今天，波涛再现，南欧人民与北非人民先后高喊改革。

世事变化万千。就在我走访南欧之前，2011 年的春天，我有机会重临北非的阿拉伯地区，但它已是不一样的世界了。就在那一年年初，埃及继突尼斯后爆发革命，令人措手不及，乍惊还喜，人们争相解读这场革命为阿拉伯地区的一场春雷。[2] 未几，春雷过后，竟寒雪纷飞，埃及这个文明古国迷失于现代民主的过渡期里。

2013 年的 7 月 3 日和 8 月 14 日，乃是埃及后革命重建的两度重要伤痕：解放广场抗争者掀起他们所称的“第二次革命”，逼迫来自穆斯林兄弟会的第一届民选总统穆尔西（Mohamed Morsi）下台，穆尔西最终被军方武力罢免，其后军方对穆尔西支持者血腥镇压，死难者近千人，震惊国际社会。而法庭其后陆续宣判了千名兄弟会成员死刑，为人类历史首例，使人吃惊，从国外到国内，大家议论纷纷。

[1] 2009 年 05 月 12 日，新华网：文明之路（一）走进地中海；费尔南·布劳岱尔（Fernand Braudel）著：《地中海史》，曾培耿、唐家龙译，台湾商务印书馆，2002 年。

[2] 见作者另一本著作《中东现场》，广西师范大学出版社，2012 年。

1 月 25 日埃及革命精神如何延续？

对穆斯林兄弟会清洗过后，于 2014 年 6 月在不少选民失却投票愿望情况下，埃及举行第二次所谓民主的总统大选，几经波折，一如预期，军方领袖塞西（Abdel Fatah Al-Sisi）虽被质疑造票，但终获得九成以上的票数，成为埃及新任总统。塞西的当选，为“阿拉伯之春”留下一个慨叹，兜兜转转，埃及又回到强人与权威政府的统治模式。

埃及民主转型运转不过来，人们心生疑惑，坏民主是否不如好权威？

这令我想到，当年美国革命之父富兰克林在制宪会议结束后，有美国老百姓问他：我们现在是共和国还是君主国？富兰克林回说：当然是一个共和国，如果你们可以保住它的话。

民主漫漫长路，保得住它必须避免掉进转型陷阱。什么叫转型陷阱？这意指在民主转型过程中，很容易让既得利益者挡住去路，无法让民主进一步深化。对埃及和其他后革命的中东国家来说，现在面临着民主改革转型的死结，又因为当中还夹着宗教因素和地缘政治，令死结更难解开。这一民主转型困局可以是我们一面镜子，同时也影响着世界局势。埃及以至阿拉伯的民主发展，究竟何去何从？

潜伏的社会矛盾

如果时光可以倒流，就让我们定格在2011年1月25日，埃及人认为值得骄傲的一天，他们为建设新埃及勇敢走出第一步，其后只花了十八天，便把独裁者穆巴拉克赶下台，他们沉醉于胜利与民主的憧憬里。

可是，革命后的重建，特别经过半个世纪独裁统治，在这个阿拉伯地区最大的伊斯兰国家，如何构建民主，看来又是一项漫长而艰巨的工程。不过，最棘手的问题，就是宗教与世俗之间的纠葛。事实上，埃及军方、世俗派，与穆斯林兄弟会等伊斯兰主义者，在历史上早已有着千丝万缕的恩怨情仇。穆巴拉克走了，但并不表示社会矛盾得以解决，反之如潘多拉盒子，一打开，大家便斗个你死我活。自革命以来，开罗解放广场一带经常充斥着各大小示威抗议，热血沸腾，就好像要等待大爆炸的一刻。而那一场"第二次革命"也好，流血政变也好，是有迹可寻的。

我结束南欧采访，在埃及选举期间再次踏进埃及现场。从雅典飞开罗，只需一小时四十五分钟。老实说，如果不是为了探讨埃及过渡期的种种现象，我是不愿意再访开罗的。人来到开罗，就被这里的交通烦死了。最重要还是空气，永远都是充满浓浓的悬浮粒子。加上开罗街头到处都是戾气，当地治安亦随之变差了。革命后头一年，警察不知躲到哪里去了。以前埃及民众怕警察，接着是警察怕民众（再接着警察又恢复当年勇），即使交通警也少了。听闻埃及的西奈半岛更出现一个奇特荒谬的现象，就是除了当地人民要向黑势力交所谓保护费外，连警察也要向黑势力交保护费，才能执勤。总之，在埃及，一切都要小心！

不过，在开罗，我认识不少从欧美或澳洲过来的年轻人，他们向往埃及革命，留在埃及边学阿拉伯文，边做“公民记者”，为各自的家乡媒体撰稿，稿费足够支持他们的生活有余。因为在开罗的衣食住行比欧美便宜至少十倍。开罗不愁没有新闻，“公民记者”也不愁没有故事报道。更何况埃及革命活像停不下来，一波未平，一波又起，直到来自穆斯林兄弟会的第一任民选总统穆尔西被军方挟民意推翻后，埃及民主往后的发展，已是一个谜了。

人们只管高呼，革命继续。而广场政治，如幽灵一般，离不开每一个埃及人。新相识的埃及友人罗娅满脸疑惑向我反问：解放广场究竟是祝福还是诅咒？无论如何，“革命继续”，早变成解放广场的口号。由一个制度到另一个制度那一段过渡期，可以有多长？又要如何走？黎明，就在远方？

回顾解放广场发生第一波革命时，空气中充满欢欣与乐观情绪。我愈靠近解放广场，便愈感受到埃及人的喜悦，满脸笑容，向我伸出胜利的手势，并挥动国旗，为人民所展示的力量起舞。无论是穆斯林、基督徒，又或不同政党派系，男女老幼，他们都在解放广场手拉手，筑起动人的团结人墙，夺回失去的尊严与自由。他们曾大呼：团结就会胜利，分裂则会失败（united we will win, divided we will lose）。

可是，不及一年，昔日的团结不再，反之是猜疑与不信任，逐渐把社会的凝聚力摧毁。或许有人认为，在民主的道路上，不需凡事要求团结，这话没错，但民主也需讲求包容、对话、协商，不然，在互相排斥的同时，民主精神亦会给黯然消磨掉。是的，分裂则会失败。

罗密欧与朱丽叶的故事

首先是穆斯林与基督徒之间的互相倾轧。他们自2011年3月开始不断发生流血纠纷，至今不休；2011年3月19日，埃及人民在公投中通过修改宪法，正式进入民主化进程。可是，在埃及的基督徒更关注的是，占大多数的穆斯林是否愿意修改宪法第二条，即订明埃及法律精神来自《可兰经》。换言之，世俗化的埃及原来也受伊斯兰律法的约束。

当地的基督徒一直认为宪法第二条对非穆斯林宗教人士有所歧视。如果埃及要迈向自由与民主，那么埃及社会必须学习包容与尊重少数派的人权，这是民主的第一课。而这次的修宪，正好测试埃及人的民主态度与决心。事实上，埃及宪法第二条过去亦备受争议，西方世界批评埃及骨子里是个宗教国家，与西方的世俗化立法机制明显不同。有非穆斯林作家表示，若宪法第二条不删除，埃及的政治与经济便很难现代化。

是耶？非耶？有当代伊斯兰学者当然不表认同。他们反问，西方律法精神何尝不也是来自他们所相信的《圣经》吗？星期五作为休息日是伊斯兰化，那星期天休息就是世俗化？上述问题永无休止。我在埃及问一位积极参与革命的穆斯林女将，她瞪大眼睛望着我说："埃及大部分人是穆斯林，伊斯兰文化是主流，我们当然以《可兰经》精神为道德依归，但这并不表示要排斥这里的基督徒啊！"……

上图：埃及有穆斯林与基督徒调停两者冲突

下图：埃及：宗教、性别、政治派系之间的斗争在修宪公投前后，开罗竟发生一场宗教冲突，引发连场示威，埃及传媒以头版讨论多天。大家都想不到，解放广场上的革命把基督徒与穆斯林之间的距离拉近了，但一离开广场，又爆发冲突，而且是血腥冲突，造成13人伤亡。

事件源于开罗郊区一个村落，有一个穆斯林女孩恋上一个基督徒男孩，并私订终身。可是，当地的律法规定穆斯林女孩不能与基督徒结婚，但穆斯林男孩则不受此限制。这对于外界，甚至一些开明的穆斯林而言，该律法明显反映着埃及社会浓厚的父权意识和对非伊斯兰教徒的排斥。上述一对男女的家人因此互相对骂，继而大打出手。后来整个村的村民也加入行动，有人以烧毁村中基督教教堂泄愤，这随即引起埃及的基督教社区不满，走上街头抗议。

一个罗密欧与朱丽叶的爱情故事，结果变成基督徒与穆斯林的流血冲突悲剧。

基督徒在开罗国家电台门外集会示威了好几天，有不少示威者更通宵静坐，连科普特（Copti）东正教长老也出来发言，声嘶力竭地谴责暴力与歧视。我跑到抗议场地，上万示威者把国家电台门外的广场挤得水泄不通，他们高举十字架，有人呼喊跨宗教爱情无罪，不应遭受打压，更不应借此用暴力攻击基督教教堂等等。

我在现场看到不少穆斯林也加入行动声援，他们呼吁各宗教派别应受平等对待，和谐相处。他们更支持基督教社区争取修改宪法第二条。可是，穆尔西上台，不仅没有修改这一条文，反而加速伊斯兰化，加上更见保守排外的伊斯兰原教旨主义萨拉菲派（Salafist），竟随着民主进程异军突起，迅速成为第二大政党，科普特教徒感到面对的威胁愈来愈大，而新一轮宗教冲突正在扩大化。

一天在开罗市中心，我刚转入一条小巷，一位老人家正在长长的白布条上写呀写，他是那么的专注，猛烈的太阳晒得他从头上滑下一滴滴的汗水。经过友人的翻译，原来他在呼唤和平与包容。他说，够了，老百姓多么渴望恢复正常的生活。

树欲静而风不息。埃及科普特教徒虽只占埃及人口十分之一，但不少来自富裕阶层，在原本世俗的埃及，拥有社会影响力。一名埃及科普特牧师私下向我感叹说："如果穆斯林兄弟会上台，那我们宁愿埃及革命没有发生过。其实，穆巴拉克与我们关系不差。"据知，科普特教徒与军方在过去也一样没有多大冲突，但军方却与穆斯林兄弟会有着不寻常的恩怨情仇。

自 1952 年纳赛尔将军推翻英国殖民傀儡法鲁克王朝后，军方一直把持朝政，到了穆巴拉克，他的高压统治更见严厉，对于异己，不是你死，便是我亡。早在殖民时代，穆斯林兄弟会已高喊："伊斯兰才是出路！"他们以此对抗腐败专政的世俗政权，其后被军人政府宣布为非法，转入地下活动。兄弟会虽然不能参政，但仍可在民间社会经营福利和宗教活动，会员与日俱增，成为最大的反对组织。[1]

与此同时，埃及世俗反对派也遭到无情打压，他们对穆斯林兄弟会没有好感，却又同病相怜，各自努力对抗独裁统治，直到埃及革命爆发，世俗派年轻人与穆斯林兄弟会少壮派，竟可携手站在解放广场上。面对这一幅美丽的图画，我被感动了。我曾与一名兄弟会少壮派成员倾谈，他告诉我，当兄弟会高层对是否支持革命犹疑不决时，他们这些少壮派早已按捺不住，他们不能让世俗派年轻的兄弟孤军作战，

[1] 《中东现场》第一章对穆斯林兄弟会历史有详细记述，见 65—84 页。

最后以个人名义跑往广场支援。革命谱出不同派系的兄弟情谊。

但想不到，才过了两年多，那些曾在广场上呼喊军方是坏人的同一班年轻抗争者，如今态度来了个 180 度转变。在电视新闻上，看到埃及争取穆尔西下台的世俗派“造反”（Tamarud）运动，其中一位年轻的发起人以坚定不移的口吻吐出：“军方不是坏人，他们没做什么坏事……要知道，我们正在对抗一股法西斯势力，只有军方有能力对抗之，并协助我们取得我们想要的东西。”然后镜头一转，一排排的兄弟会死难者尸体，血淋淋地停放在清真寺里，不知当中有没有曾经站在广场上，与世俗派并肩作战的兄弟会少壮派？不知“造反”成员支持军人武力镇压兄弟会示威者时，在他们的脑海中，有没有闪过昔日兄弟会战友的脸容？

军方与人民

世事多讽刺，革命初期，解放广场抗争者高喊：军方是坏人！现在的解放广场，却有不少人向军方鼓掌，他们更把军方首脑塞西的头像海报贴满广场，进行个人膜拜。这不禁让人疑惑，解放广场为埃及带来新时代，还是把埃及带回旧时代？此外，埃及世俗自由派为了推翻穆尔西，不惜与军方结盟，会不会引狼入室，得不偿失？

其实，军方与人民的关系，一样非常吊诡，大家在抗衡与合作之间互相拉扯。记得 2011 年第一波革命时，解放广场的抗争者根本没有胜算，并恐怕会遭到镇压，以流血收场。怎知军方在最后关头，竟唾弃穆巴拉克，站在人民的一边。他们这一举措，立刻扭转了形势，穆

如何重塑军方的角色，是埃及民主的钥匙

巴拉克不得不下台，广场随即绽放胜利的春天花朵，并缔造出短短十八天革命成功的神话。可是，在神话的背后，有分析却指出，如果没有军方掉转枪头，人民不会这么快就取得胜利。

但是，为什么军方会掉转枪头？这得要从穆巴拉克说起。下台前的穆巴拉克，正是美国在中东地区的重要代理人，军方是最大的受益人。他们每年获得美国十三亿美元援助，到现在也未间断。军方从支持美国的军事行动，到支持美国的自由经济，而他们也逐步走进经济领域，成为庞大的经济利益集团。记得2007年埃及发生骚动，老百姓抢面包，军方最后以派面包平息老百姓的怨愤，原来他们也是粮食供应商，连面包店也经营了。[1]

对于埃及老百姓来说，军方是隐形的总统。但可堪玩味的是，穆巴拉克过去企图独揽经济利益，财富流入他整个家族手中，引起军方不满。2011年年初人民起义，要结束穆巴拉克的独裁统治，最后军方竟站在人民一边，其实并不出奇，说穿了是“利”字当头，军方早有推翻穆巴拉克之意，夺回经济主导权。

在第一波革命时，“军方支持革命”的神话，未几便遭刺破。在穆巴拉克下台后，“最高军事委员会”（SCAF）暂时接管权力，然后要按人民意愿，建立埃及民主架构。可是军方却有牢牢紧握权力之意，由此军方与人民的紧张关系愈见绷紧；跟着选举临近，伊斯兰主义组织和世俗派嫌隙更见扩大，甚至采取互相杯葛的行动。

即使是占领解放广场、表达民生诉求的行动，经过了一年后，老

[1] Dahlia Kholaif：“The Egyptian Army's Economic Juggernaut，” Al Jazerra, www.aljazeera.com/indepth/features/2013/08/20138435433181894.html.

百姓之间对此也有很大分歧，当中有些已感厌烦，质疑抗争者所为何事？一次，我与几位埃及友人在咖啡馆聊天，突然有游行队伍经过，高喊口号，咖啡馆老板及附近店铺立即紧张起来，准备拉闸暂避，恐防有冲突发生，结果队伍和平远去，老板才松一口气。他说，革命造成的讽刺是，革命者高喊改善民生却影响了民生。自革命后，市中心的商铺生意大受影响，大家都神经兮兮。为了保护自己，现在每间商铺都设有铁闸，这倒是带旺了铁闸商的生意。

除闸门外，手机亦变成革命副产品，生意也大幅上升。我留意到，蹲在街头上售卖手机的有不少是中国人，他们在革命不久后陆续涌到开罗，兜售中国平价的山寨版手机，吸引埃及人也加入竞争行列。站在解放广场和国会附近的示威营地，有多少人举起中国山寨版手机，记录现场的一举一动？

有人经过示威营地便摇头叹息，质问开罗的社会秩序，什么时候才可以恢复？但有人对革命仍然热血沸腾，认为埃及一天未获得完全的民主，便会继续革命下去。可是，从解放广场到国会范围的示威现场，变得愈渐诡秘，有人说军方秘密特工已混进其中，但军方却指有外国势力介入，以图制造混乱。

在开罗期间，我几乎每天都跑去示威现场观察，感到示威者与军方都各有盘算。为了令大众再度燃点革命热情，示威者不断挑战军方的忍耐，企图使军方自暴其短；军方也一样向示威者挑衅，以证明这是一场由“暴徒”发起的“反革命”行动。结果是，双方都等待暴力的一刻，当初的和平革命不知所终。

终于在 2011 年 11 月，埃及人高喊第二次革命，要求军方交出权力，爆发大规模流血冲突，国际媒体记者涌至开罗，埃及又成为国际头条新闻。听闻有不少媒体加派记者长驻开罗。开罗，变成阿拉伯地区最重要的地方之一。几经谈判，大家决定埃及采取美国总统制，而民主程序也正式展开。不过，有不少人开始感到疑惑，特别是在第一轮国会选举中，伊斯兰主义组织大胜，不仅穆斯林兄弟会拿下30%多的选票，连极端的萨拉菲派光明党也有20%多的支持率，两者合共占了国会约60%的议席，已可控制国会了。不管将来的总统是谁，都必须与伊斯兰主义者合作。单看首都开罗，第一轮选举首先在城市中心举行。本来城市较世俗化，中产较多，但伊斯兰主义者也可以胜出，那在郊区进行的第二轮选举，更可想而知了。

2011年12月14日第二轮国会选举日，我跑到开罗郊区观察选举，平日冷清的地区，当天变得热闹起来。候选人的宣传布条和海报随处可见，那些布条如海上波涛起伏，气氛浓烈。投票站人头汹涌，男女分开排队，你推我撞，不时传出对骂声音。由于之前的第一轮选举出现血腥场面，这次军人严阵以待，对记者也不客气，一不高兴便要没收记者的照相机，或驱赶记者，总之有理说不清。记者采访要步步为营，见机行事。

郊区很多地方都是保守的贫穷选区，居民的教育程度不高，甚至是文盲。据统计，埃及有四成人口不识字，故候选人都用实物来代表自己，方便候选人辨认投票。例如候选人A用坦克车，候选人B则用计算机，C用冰箱，总之，形形色色，细看宣传海报上候选人照片旁的实物图像，已感非常有趣。选票上亦刊有这些图像，选民一看坦克车便知是候选人A，如此类推。

选举期间，聚集在国会地区的群众愈来愈多，有些是从解放广场搬到这里，要直接挑战权力核心。国会附近有多个政府部门、总统府

埃及不少文盲人口要靠图像辨认候选人

和军事机关，示威群众在该区扎营，要求军政分家和廉洁选举，还有其他民生议题，形形色色的旗帜海报和口号充斥着国会地区。当选举到达高潮，国会一带的示威群众也愈来愈躁动。

冬天的埃及不寒冷，几乎每天都是阳光普照。可是在太阳底下却有着一种不安。12 月 16 日晚上，即选举后的第二天，山雨欲来，大家都好像是期待第三次革命。军方开始布防，荷枪实弹。有群众戴上安全帽，在搜罗大堆石头。当日的白天，因有银行遭抢掠，靠近国会的商店都不敢开门营业，附近一带犹如死城，只有示威者和围观者往来。地上的垃圾满天飞，路边还阵阵传来尿液的味道，碎石散布大街，事实上过去一连几天都有人投掷石头和汽油弹。

不出所料，暴风雨终于来临了。2011 年 11 月 19 日的血腥情景在 12 月 16 日重演。我看到军警开始布防，其影子如幽灵般在黑暗角落晃动。示威者也不是省油灯，纷纷拿出棍子，准备迎战，有些更有汽油弹。有人不断向高空掷出汽油弹，火光熊熊，烟雾弥漫。我向高空一望，大批军人集结在周围的建筑物天台，当他们把步枪往下对准人民时，悲剧就这样上演。埃及军方不仅把步枪对准人民，他们还向人民掷大石、家具和瓷器等物品，示威群众亦以石头、汽油弹还击，一场混战就此拉开序幕。当军警一开枪，群众便作鸟兽散，我也跟着他们拔足而逃。当枪声停止，他们又迅速回到国会范围，如是者好几次，我终于没法继续采访，决定先回旅馆。当天整个晚上，我在旅馆不断听到枪声、人群的起哄声和救护车的声音，心知一定又有生命要牺牲了，一时间不能入睡。当世界不少地方正要迎接欢乐的圣诞钟声之际，开罗却未能享有平安夜。

第二天一大清早，我立刻致电记者友人，得悉革命又添十名亡魂，四百多人受伤。我匆忙往冲突现场查看究竟。一抵达，眼前一座有二百多年历史的科学研究馆给火烧了个通顶，一群人在围观拍照，却没有人救火，大家眼睁睁看着珍贵文物燃烧成灰烬，竟然不为所动，我不禁摇头叹息。最离奇的是，在现场有小贩兜售热茶咖啡，有摊档在卖早餐、饮品，气氛如嘉年华。但现场充斥着烧焦的味道，黑烟四处漂浮，大街两旁的行人道一大批人或坐或站，他们在等什么?

未到中午，军警再次出现，进行清场，见人便打，记者一样照打，一名美国记者还给没收了相机并被扣押，其他记者见状立刻停止拍摄狂奔，我与他们奔走至解放广场的十字路口，突然不知应往哪个方向走才算安全?就在这个时刻，有位埃及人把我拉到埃及博物馆脱险，他是一名退休英语教师，叫穆罕默德·艾赫甘。他表示，去年年底革命酝酿的时候，他喜见国家终于出现转变，希望转变能为人民带来幸福。艾赫甘又告诉我，他前一两年还不到六十岁，是被迫提早退休的，因为学校要削减开支裁员，首先向就快到退休年龄的职员开刀。他表示，他的境况不算差，至少还可依赖退休金生活。但有不少是家庭支柱的中年人，甚至是人生刚起步的年轻人，失去工作机会之同时，也失去了做人的尊严。

可是自革命之后，国家经济更艰难，社会不断吵闹。艾赫甘眼泛泪光，他说恐怕即便有了民主总统，情况也不会有转机。他不禁问我，革命是怎么一回事？此时，有两名军警押着一位血流满面的男子，我本能地举起相机，其中一名军警见状即目露凶光，用警棍作势打我。不消一分钟，军警便放火烧了解放广场和国会附近的示威帐篷，并封锁了市中心地区。

在我要离开开罗的时候，军方与示威者的冲突还在上演着。当市中心解封后，群众又涌到解放广场和国会地区去，无视前一天军方的致命清场行动。他们继续向附近建筑物抛掷汽油弹，一片火光，有人则趁火打劫。革命后的埃及社会显然是失序了，民主过渡的阵痛变成剧痛。埃及人说："没有退路，我们仍会向前走！"

埃及总统大选

走过寒冷的冬季，送走湿润的春天，闷热的初夏来临不久，全球媒体再次聚焦埃及，而国际选举考察团也一一来到这个曾经令世界热血沸腾的地方，报道与观察总统大选的历史时刻。令人有点意外的是，国会选举引发流血冲突，但总统大选却能够和平进行。

自埃及人于2011年初发动起义，成功把独裁统治三十年的穆巴拉克推翻，埃及便正式开展民主进程。经过2011年年底国会选举的阵痛后，到2012年5月23、24日举行的总统大选，可谓来到过渡期的最后阶段。自此，埃及便应该向军人政府说再见，并可确立文人政府的地位。事情本该如此。可是，不少埃及人，特别是曾参与解放广场革命的社会行动者，却不是这样想。在埃及开罗市中心一条小街的墙壁上，有人画了一大幅画，画中有几只手，作舞爪状，下面有一行英文字：是谁控制了埃及？

我认识一位人权律师兼音乐家亚西尔（Yasser），他是世俗联合党派埃及人集团（Egyptian Bloc）的成员。过去一年多来，他积极参与反对最高军事委员会（SCAF）紧握执政权力的抗议行动。有一次他领着我到国会门前会见好几位知名的示威者，他们均异口同声表示，只要军方不愿放权、不愿远离政治，埃及革命就只是个幻象。他们相信，唯一能改变这个状况的，就是以人民的力量迫使军政分家。因此，他们必须继续进行街头抗争，而开罗街头就这样变成军方与抗争者的血腥角力场。此时，我想起墙壁上那几只手。

2012年2月开罗军警逮捕了数十位外国人权NGO工作人员，其中19位是美国公民，军方指控他们企图颠覆埃及。但这举动随即引起美国国会不满，恐吓将停止对埃及的军援，此法果然奏效。最离奇的是，曾是2004年美国总统大选民主党候选人的克里（John Kerry，后受奥巴马委任为美国国务卿），竟然称赞埃及军方维护了后革命埃及的稳定。美国与埃及军方的关系，真是扑朔迷离。[1]

SCAF 曾承诺，一旦埃及人选出了自己的文人总统，他们便会把权力全部交出。但问题是，赋予军方无上政治权力的旧宪法幽灵，依然“阴魂不散”。革命后大家都知道，第一件要讨论的事，应该是怎样制定新宪法，订立新制度，以配合民主的发展。可惜的是，各方力量只顾自己眼前利益，致使新宪法最后定案迟迟未能出笼，这无疑使未来的民主变得异常脆弱。

因此，广场革命者对总统大选，总是抱有怀疑态度，他们质问，没有新宪法，总统的权责不清楚，容易成为傀儡。更何况大选前的临时宪法乃是由 SCAF 所定立，他们关注新总统对国防部长的任命，并且极有可能因应任命而制定新宪法的内容，这无疑会影响新政府的班子。说到底，这个同时又作为一个庞大经济利益集团的军方，明显不欲就此失去埃及命运的主导权，那么，埃及人应该杯葛还是参与投票?

世俗派中有人选择了杯葛，但埃及仍有不少选民以无比的热情，去迎接第一次由人民决定的总统选举。在 2011 年国会选举中大胜的伊斯兰主义力量，这次乘势追击，当中穆斯林兄弟会全力推选由兄弟会成立的自由正义党领袖穆尔西出征，结果成功胜出，引起国际媒体极大关注，这下从国会到总统，都落入了伊斯兰主义的势力中。但大家可能忘记了，兄弟会其实早在 2005 年的大选中，已显示了他们的群众实力(见本章附录)。本来，在革命初期，由于兄弟会并没积极参与其中，事后他们表示不会参政。怎知未几他们另成立“自由正义党”，

[1] 有关美国与埃及军方的关系，有不少评论呼吁重新检讨。可参考 Marvan Bishwa, Generals and Patrons: The American-Egyptian Military, 15/08/2013, al Jazerra.

虽说开放给所有分享同一信念的人，但大部分人视之为兄弟会的政党，参政意图表露无遗，世俗派感到极大威胁。

我和一群埃及记者前往“自由正义党”采访，该党拥有宏大的总部大楼，职员众多。站在我旁边的《金字塔报》记者向我说，兄弟会财政实力雄厚，这个埃及逊尼派伊斯兰主义组织，背后有其国际面向，目前他们最大金主来自海湾国家卡塔尔王室。该记者认定兄弟会有更大的政治议程，就是与其他逊尼派国家合谋，建立一个以逊尼派伊斯兰主义为主的阿拉伯地区。外国势力，鬼影幢幢。兄弟会也认为由国际原子能组织前总干事巴拉迪（M. El Baradei）领军的世俗自由派有西方力量撑腰；至于埃及左翼阵营，反指美国暗中支持兄弟会，以制约左翼在革命中冒升。

其实，当外界对穆斯林兄弟会仍停留在伊斯兰激进主义的印象中，我却看到该组织正努力去转型，例如其领导层渐趋温和，当中有一位非常受传媒欢迎的知性型领袖穆罕默德·贝勒塔吉医生（Dr. Mohamed El-Beltagi）。当我就埃及革命走访这位医生时，他一见到我即上前与我握手问好，一派开明作风，这可令我有点意外。回想2002年访问该会发言人，被吩咐必须遵守伊斯兰礼仪，例如衣着上的规定，以及男女之间不可有身体触碰，包括握手等。看来，这个原教旨主义组织，亦正在经历转变呢！

大选过后，世俗派友人亚西尔向我说，他们或许不应把伊斯兰主义者视作敌人，反之，他们应与伊斯兰主义者中的开明温和派穆斯林兄弟会合作，推动埃及改革。可惜，亚西尔的看法并未得到他的同侪认同。自埃及进入民主进程，可谓是群雄并起，社会亦渐严重分裂。在世俗派与伊斯兰主义者的对阵中，也各自在内部分成多派，左与右及既得利益者各不相让，还有对以色列立场各异，大家早已预计新任总统举步维艰，革命尚未平息，更何况经济早掉进深谷。

第一次自由的埃及总统大选，前三名竞争者分别为穆斯林兄弟会代表、有军方背景的前朝总理，和属左翼的纳赛尔主义者，世俗自由派成为陪跑者，而自由派国际声望最高的巴拉迪，则索性退出参选，这是因为他的民意支持率偏低，不少选民认为他长期旅居海外，又太西化。可惜，各总统候选人只着眼于权力的角逐，原本面向群众的候选人理当正视国家经济困境、提升公共建设的投资、规划外交政策，以及协调不同宗教间的冲突等，可是，这却留了大片空白。

民众会回归现实，经济若是搞不好的话，到时政治理想是一回事，人心恐怕会从革命激情中退潮，令政治生态也出现大倒退，在人类历史中，这种情况屡见不鲜。只是谁也想不到，穆尔西上台仅一年之际，便被世俗派与军方联手武力推下台。在上千万群众高喊穆尔西下台的背后，存在着深刻的经济原因。

我走在开罗一个民居市集，与埃及友人欲买点饭菜，准备晚餐。我拿起一包杂菜，小贩竖起四只手指，说：四埃镑。四埃镑差不多相等于五元人民币。想到有不少埃及老百姓仍然每天只能赚取一至两美元的工资，我真不敢相信，还以为他欺骗我这位外国人。友人示意这是公价，促我不要争论。我又转向海鲜摊位，一公斤冰鲜虾要五六十埃镑，比香港还要贵。我不能想象，埃及的底层人是怎样过活的。

事实上，革命过后的埃及，物价激增，这当然与全球通胀有关，但这亦是由埃镑贬值、国内产业几乎因革命瘫痪、能源及日常消费品供应短缺所致。最要命的是，不断上升的失业率和不断下滑的治安，正困扰着每一位埃及民众。现在，埃及有不少老百姓为下一顿饭菜发

埃及物价腾飞，社会动荡

愁。以前，开罗是个不夜城，如今因大家无力消费以及治安上的问题，一到夜里12点，街头便逐渐变得冷清。我所认识的驻开罗外国记者，大部分都有过被劫的经历，已不敢夜半外出“鬼混”。

这应该归咎于革命吗？有人可能会这样想，他们会责备那些老是不愿离开街头的抗争者，心理上不经意地倾向支持军方强硬整肃社会秩序，甚至期待前朝官员回巢，认为只有他们才有管治经验，能把国家重建。不过，也有人指出，革命无罪，有罪的是军人过渡政府，他们在执政的16个月里，没有好好整顿经济和法治，并企图抹黑革命，因此呼吁人民不要上当。但，革命与面包可否共存？

革命后的埃及，可以说犹如一个烂摊子，百废待兴，加上冲突不断，大家都把希望寄托在第一届民选政府身上。伊斯兰主义者由于基层工作扎实，占尽民主程序的红利。他们透过选举，进一步巩固了自己的力量。反看世俗派如一盘散沙，未能团结，唯有一尝失败苦果。在开罗，可看到支持穆斯林兄弟会和萨拉菲派政治人物的海报。想不到正当阿拉伯之春进入第二年，大家以为阿拉伯地区会走向西式现代民主方向，怎知社会却从世俗转向伊斯兰主义。

大家或许只知道埃及有个伊斯兰主义组织叫做穆斯林兄弟会，其实埃及存在一个宗教教派，比逊尼派的兄弟会更保守，那就是伊斯兰最早的教派，前述的萨拉菲派。在穆巴拉克时代他们受到严厉打压[1]，革命后，获得沙特阿拉伯金援，去打这一场“民主之战”。一次，我跑往解放广场采访，萨拉菲信徒已在那里齐集，束着大胡子，一身白袍，声势浩大，要求政教合一，并执行伊斯兰律法。最糟糕的是，他们挑起与埃及基督徒的流血冲突，令埃及陷入宗教纷争。埃及友人向我表达他们的担忧：萨拉菲派不是等闲之辈，在老百姓当中有他们的影响力。我静心观察，在埃及，以黑面纱蒙面的女子多了起来。

宪制危机与社会分裂

埃及社会撕裂，互相猜疑，各不相让。穆尔西仅以过半数（51%）上台，加上没有世俗派的合作，他的执政道路注定困难，只不过外界猜不到，他在执政一周年时迅速倒台，但他的倒台不是毫无先兆的。

在埃及革命两周年之际，上千群众再次进驻解放广场，扎营静坐，

[1] 萨拉菲主义是个改革运动，主张效法 Salaf，即“先贤”，要将穆斯林带回纯全的、初代伊斯兰。这可说是完全反西方的，因为此运动排拒一切非本于穆罕默德“最佳榜样”之事，亦拒绝一切与西方思想有关的学术概念，包括经济、教育、伦理或政治概念。

不是为了准备纪念这个日子，而是要抗议并杯葛就宪法草案所举行的公投。法院原本也加入抗议行动，表示不会监督公投，至公投前夕才改变初衷。

本来革命后早应确立新宪法，为民主定下大家接受的规则，把不同利益纳入这个规则去解决。可是，军方在大选前便企图颁布宪法法令，以扩大军方权力，限制总统权力，又解散伊斯兰主义者主导的新国会，并把国会权力暂交回给军队。与此同时，法院确认穆巴拉克的前总理艾哈迈德·沙菲克可以参加总统大选。他们此举无疑是冲着穆斯林兄弟会而来。但这与“司法政变”无异。法院不仅与穆斯林兄弟会交恶，世俗派亦不禁对法院步步为营。

当穆尔西胜出后不久，他下令军方领导人退休，又宣布军方早前宪法法令无效。在国会缺席下，他迅速宣布新宪法草案内容，其中他欲扩大总统权力至凌驾法院之上，就是想反制军方，但这犹如向社会投下炸弹，世俗反对派纷纷走上街头。穆尔西支持者也不甘示弱，一样跑到街上，包围法院，高呼支持新宪法草案，希望早日赋予新政府权力整顿国家。

这场新宪法之争，再次撕裂埃及社会。经过将近两年的磨合，原本一盘散沙的世俗反对派，这次就宪法危机，组成了广泛的“拯救国家阵线”(National Salvation Front)，有三十多个不同世俗派组织参与。可是，他们能否达成更广泛的联盟？似乎可能性不大，反倒慢慢出现裂痕。

虽然司法界一样强硬反抗新宪法草案内容，但埃及的司法系统在穆巴拉克时代，公正性经常受质疑，现在也好不到哪里去，本身也有待改革。看来，穆斯林兄弟会在新宪法草案中，企图让总统权力高于法院，是有其原因的。而法院亦借此与世俗反对派一起发难，有评论指其背后的动机是保护旧政权下晋升的权贵免遭新政权所谓的“清洗”。

另一方面，穆尔西指法院不公正，军方不民主，以此合理化他欲扩充总统的行政权力，这包括立法、公共预算、外交、赦免权，以及政治和军事任命的权力等。在过去，军方一直对外交政策有非比寻常的影响力，穆尔西快速洗牌，欲以人事任命把军队反控在他的权力之下。这自然令军方非常不满，埃及权力斗争渐趋白热化。

此外，制定新宪法内容的制宪议会，亦遭批评缺乏代表性。由于该议会受到所有世俗派成员杯葛，留下的都是穆斯林兄弟会及其伊斯兰党派盟友成员。反对派遂指制宪议会代表性不够，新宪法草案内容有偏颇，更何况它以伊斯兰律法为核心参考，对少数宗教派系和妇女不利。当地的基督教教会和世俗反对派，便曾一直要求删除旧宪法中伊斯兰教法是立法来源的条款，他们的理念主要是按照世俗化的标准，制定宪法和改造社会。现在未能如愿，因此，他们要求推倒重来。不过，该新宪法草案也不是一无是处，例如它加强了对平民百姓的保护，这包括执法部门不可任意拘留，不可行酷刑；保障老百姓有集会自由、结社自由和一定的经济权利。

世俗反对派指责穆尔西在国内政策上逐步迈向伊斯兰化。讽刺的是，在盖洛普2012年的民意调查中，约98%的埃及人认为宗教是他们日常生活中重要的一部分，超过65%的国民认同伊斯兰教法应该成为唯一立法来源。

我走在开罗吉萨（Giza）地区的街头，不时传出颂祷的声音。我随便问了民居附近出入的居民，一位打扮斯文的中年职业妇女向我说：“穆斯林兄弟会将政治与宗教结合，体现了穆斯林信奉伊斯兰教的崇高情操，这就是廉洁正义。埃及需要这种道德情操，重建埃及。”你可以说吉萨地区较贫穷，不难遇上穆斯林兄弟会的支持者，但埃及穷人仅在开罗已经有四百万。当然，在开罗的中产地区，有不少人对伊斯兰主义者就是不相信，他们认为穆斯林兄弟会要建立的是神权，是民主的巨大障碍。一位年轻博客作者这样说："伊斯兰教法已经不符合现代穆斯林的文化。如果我们现在不立刻制止穆尔西伊斯兰化埃及，我们将失去自由。"

无论如何，世俗派成功地动员了自己的支持者，在解放广场和总统府外，以至埃及各地举行对新宪法令的大规模抗议。但穆尔西支持者一样冲到总统府外，戴着钢帽迎战。这种两阵对垒、充满火药味的情境，自穆尔西上任后愈演愈烈。

每天面对这种场面，记者亦开始麻木了，我连相机也懒得拿出来。与我同住的两名英美记者，他们说以前的埃及人对外国人很友善，但现在的互相猜疑已波及外国人，特别是美国记者。埃及已变成外国记者的危险之地。他们有时宁愿看电视。不过，埃及传媒亦已非常政治化，只问立场，不讲道理，更漠视事实与真相。

反对派要求重组制宪议会，重新草拟宪法。但由于政府急需新宪法授权施政，最后，穆尔西以公投方式就新宪法定案，又引来连番恶斗。新宪法在争议声中，有超过六成人在公投时表示支持，但投票率却只有 32%。世俗派不接受结果，他们返回解放广场，高呼继续革命，这场行动凝聚了所有对穆斯林兄弟会执政不满的力量，为穆尔西政权埋下危险的伏线。

也许这只是穆尔西笨拙的政治，但有更多反对人士，认为这是伊斯兰主义者一个险恶的企图，就是牺牲其他群体，来壮大自己的力量，这对埃及的新生民主肯定不是一件好事。世俗派本来已心有不甘，革命成果给伊斯兰主义者夺走了；老百姓以为民选总统上台有好日子过，怎知生活比以前更差；军方一直蠢蠢欲动，伺机政变夺回主导权；前朝群臣谋权之心一样不可低估。如此这般，穆尔西岂有不势危？！

埃及反对派中龙蛇混杂，存有私心者大有人在，不要以为反对穆尔西的，就是站在人民的利益那边。无论如何，两派势均力敌，再加上法院与军方加入战团，进一步恶化斗争，新政府无法施政，两败俱伤，致使国家陷入宪制危机。即使是国会重选的日期，也因缺乏共识一拖再拖，行政与立法机关在穆尔西任内，一直支离破碎。

事实上，在宪法公投前，埃及中央银行已对穆尔西政府提出警告，国家外汇储备自革命以来跌了一半，已到了最低要求的临界点，跌破之后国家将随时破产。埃镑则一直下跌，不断创新低。穆尔西政府面对着政治与经济的严重困境。当政治不能摆平，经济也无法重建。

纷争一直扰攘至2013年5月初，穆尔西委任更多穆斯林兄弟会成员加入内阁，在36名内阁官员中，11名有兄弟会背景，这自然又引来一轮抗议声。有传闻指穆尔西这一举动，希望能在内阁加快取得共识，落实IMF借贷要求，为经济止血。总之，众说纷纭。

即使在记者圈当中，对此也有不同看法，我们亦会争得面红耳赤，一般会在水烟咖啡馆，你一言，我一语。有人认为穆尔西排他性强，他只是兄弟会的傀儡；有人则认为穆尔西曾打开大门，只是反对派采取不合作、不对话的态度。水烟咖啡馆内总是非常嘈杂，以前多风花雪月，现在大家都热衷政治话题。作为外国人，最好低调，多聆听少说话是上策。

在一片高涨的情绪中，一股反抗力量终于爆发，就在2013年5月1日劳动节前夕，一场名为“反抗”（Tamarud）的运动，一出现便已是

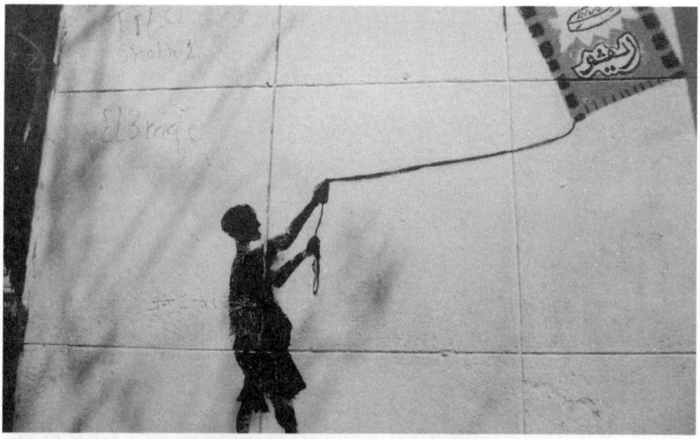

上图：埃及新一代表达对自由的渴望

下图：埃及民主路遥

声势浩大，反对派各路人马齐集，主要是年轻人，他们冲着穆尔西而来，非常清楚，要求他立刻下台重选，并向全国各地搜集千万人签名，又发动大规模游行，务要把穆尔西拉下马。吊诡的是，穆尔西于2012年就职时，刻意在解放广场举行就职典礼，高呼真正的权力在人民。而人民可以把他捧上台，也可以把他拉下马。结果的是，解放广场再次聚集了上百万群众，真的要求他下台，但他怎样也不愿意，指这只是前朝臣子做的把戏，漠视他的合法统治。

穆尔西遭罢免前夕，在最后一次媒体演说中一脸悲愤，讲了不下数十次，他是一位合法的民选总统，呼吁和解、对话、团结……无论他的声音有多大，可广场抗议的声音比他更大。艳阳正高高悬挂，人民更加躁动了。大家都汗流浃背，有些人还哭了起来。

美国开罗大学传播系教授埃尔马斯威（Mohamad Hamas Elmasry）接受我视频访问时，不禁哀叹说，穆尔西虽有施政上的错失，但世俗派一开始已有心与他过不去，把前朝留下的问题也一并归罪于他。如果双方不反省，推翻革命建立起来的民主结构，全国人民将为此付出沉重代价。一位认识穆尔西的英国记者私下向我表示，穆尔西个人不错，很温和，但他太听命于兄弟会，忘了自己应是一个全民的总统。

最后，军方挟民意介入，用上近乎军事政变的手段，推翻穆尔西并把他拘禁，还一并逮捕穆斯林兄弟会领导层过百人，连该会的精神领袖也不放过。军方还不止于此，他们关闭兄弟会所有媒体，并打压其所创办的自由正义党。这样的全面封杀，外界不禁质疑民主何存？军方头目塞西随即亲自协助组织临时政府，全部为亲军方人士。在此，埃及世俗反对派不仅没有对军人干政说不，反之欢呼喝彩，认为这是人民的胜利。随后，军方对穆斯林兄弟会及其支持者的大肆血腥镇压，招来支持者更大的反扑，埃及已陷入仇恨、暴力、报复的恶性循环里。

看情况，大家都只是在夺权，谁还会珍惜 2011 年春天人民抛头颅、洒热血、呼喊民主与自由换来的结果，到头来埃及又回到原来的样子，甚至更恶劣。埃及究竟为何走到如此境地？这可从三方面去分析：总统的管治、军政之间的关系，以及反对派的素质，当然还有外力。

穆尔西的离去，除了因为群情汹涌外，也由于军方权力不受限制。讽刺的是，军方在埃及民主转型期间，仍可依然故我，可说是错在穆尔西。埃及过去一直由军人统治，军方独大，是个典型的警察国家。国家安全部门对镇压异己心狠手辣。穆尔西上台后理应扭转这种文化，军政分家，法治独立，而在野反对派和群众亦必须推动及支持这种做法。可是，穆尔西一开始时欲控制军权，但很快便手软。

为求军方合作，穆尔西亲自拣选塞西为国防部长，迫于无奈保障军方过去的经济利益。当军方继续镇压和平示威群众，与过去一样用私刑逼供，行政部门却对他们的行为保持沉默；穆尔西虽欲通过新宪法限制军方权力，但有时又囿于形势称许军方维持秩序有理。行政部门让其为所欲为，穆尔西更称许军方维持秩序有理。穆尔西这种做法，可谓养虎为患。为了维护既得利益不受侵蚀，军方绝不给你面子。军方眼见局势不稳，影响到他们的企业盈利，加上一直对伊斯兰主义者存疑。要知道，军方过去打压穆斯林兄弟会是最积极的[1]，穆尔西本想用怀柔手段笼络军方，反给咬了一口，可谓赔了夫人又折兵。现在，穆斯林兄弟会被军方全面镇压，正面对创会八十五年以来最严重的危机。

---

[1] 可参考 Tom Dale, “The Army and the Islamists, Egypt’s Historical Frenemies,” 03/07/2013. http://www.globalpost.com/dispatch/news/regions/middle-east/egypt/130703/egypt-military-muslim-brotherhood-history-nasser-sadat-mubarak-scaf-morsi.

后革命时代的埃及，政治精英只想分享权力，无法大刀阔斧推出改革蓝图，政治和经济模式与过去没有太大差别。穆尔西以为取得过半数的选票，便可为所欲为。他上台后逐步推行伊斯兰法律，边缘化属少数的基督徒和什叶派穆斯林，致令宗教派系互相仇视，流血冲突无日无之。此外，他对草根组织亦缺乏沟通与对话，社会充满疏离感，群众唯有继续诉诸广场革命政治。

原本比群众握有更多政治资源的世俗自由反对派，理应监察和推动政府走上正轨，而不是煽风点火，利用群众情绪夺权，一心欲推翻穆斯林兄弟会。要知道，兄弟会也有不少支持者，穆斯林占人口大多数，当中不乏虔诚者，世俗派不能漠视之。如今军方打压兄弟会，更甚者采取屠杀手段，大有不是你死便是我亡之势。民主，在两极化的社会，成为最大的牺牲品。

对于老百姓而言，民生最重要。“反抗”能发动这么多人出来抗议，大部分也因为经济民生搞不好，把不满情绪发泄在穆尔西身上。老实说，埃及这个经济烂摊子，也不完全是穆尔西的错，军方掌权时经济已奄奄一息，他们一直未能改善。虽然穆斯林兄弟会有他们的政治议程，但掌权后亦做了不少安抚西方的动作，因为毕竟革命后埃及百废待举，需要西方的援助。

西方对兄弟会边观察边合作，但对他们仍有戒心；只要西方对援助诸多留难，穆尔西便无法大幅改善经济。穆尔西还有另一个挑战，就是前朝留下来的整个官僚系统和传媒，仍有不少是前朝的同情者，加上埃及司法政治化，这位总统可真是寸步难移。西方利用控制援助，令埃及经济一筹莫展，当人民生活困顿，自然要反你了。反对派在这个时候来个签名运动，动员大规模静坐抗议行动，自然会有很多人加入。虽说会和平进行，但当一个社会如此撕裂，加上军方蠢蠢欲动，最后一定暴力收场，事实上也果真如此。

当军方政变后，非洲联盟立刻谴责，但西方却有不同反应，从中可见端倪。前一阵子，美国国务卿克里才低调地拨款给埃及军方，换来的是美国战舰可在苏伊士运河畅通无阻，还有埃及的领空美国战机一样可以来去自如。今天埃及军方政变成功，美国《华尔街日报》社论竟然额手称庆，指这一如当年智利皮诺切特事件的翻版，强人当政，才可扭转国家的命运，透过彻底的自由市场改革，把国家经济带上富强繁荣之路。

呀！太阳底下无新事。我们应该明白，这是怎么一回事了吧。

在此，大家都关注美国的态度。对于兄弟会及其支持者，他们认定美国在背后参与炮制了埃及这次“政变”，这是因为埃及军方多年来依靠美国援助，如果没有美国首肯，埃及军方断不可能独行其是。而有评论亦指美国欲借机除掉“反美”的穆斯林兄弟会。可是，在另一方面，埃及世俗派却指责穆斯林兄弟会不仅不反美，而且在过去一年一直获美国支持。这要从何说起呢?

无可否认，埃及是美国在中东地区的重要战略伙伴。自穆尔西在2012年上台后，驻埃及的美国大使帕特森（Anne Patterson）一直周旋于军方与穆斯林兄弟会之间。由于埃及军方企业占国内经济的四成，军方不容穆尔西过问军事预算之余，又在他上任不久，欲安插自己人进入内阁中，穆尔西对此完全不让步。结果帕特森出马，告知穆尔西，华府对于埃及内阁阁员有三分之一为穆斯林兄弟会成员一事，十分不高兴。要求穆尔西改组内阁名单。可是，穆尔西又要兼顾幕后金主卡塔尔王室的利益，对华府钦定的人事布局未能执行。

《纽约时报》报道，政变前夕，帕特森再议内阁改组一事，又遭穆尔西推搪。未几，帕特森的首席外交顾问与美国国家安全顾问赖斯(Susan Rice)通电，大家知道军方起事在即。国际原子能机构前总干事巴拉迪在接受《纽约时报》访问时亦坦白承认，早在穆尔西被罢免之前，他在帕特森安排下，与美国国务卿克里通电话，并向他保证，军事政变可以做得干净利落。一旦拘禁穆尔西后，军方会迅速逮捕穆斯林兄弟会成员，并控制局面，以确保埃及“稳定”。当军方第一次镇压穆尔西支持者时，巴拉迪向传媒表示，这是不得已的预防措施，预防穆斯林兄弟会以暴力还击。就好像政变发生后不久，有传媒问他，用政变手段把民选总统拉下马，会否摧毁埃及民主？巴拉迪气定神闲指正记者说，这不是政变，军方乃是应大部分埃及人民的要求，在非常时期用非常手段，以恢复埃及的民主。他的口吻与克里完全一样。

其后的发展，大家有目共睹，军方镇压手段不仅愈加血腥，夺权之心也日益明显，直至2013年8月14日军方大规模血腥镇压穆尔西支持者，巴拉迪无法自圆其说，更何况他头顶有个和平奖光环，遂不得不辞职求去，与军方划清界限。可是，由军方委任的临时政府，大多是军方的支持者，临时总统与总理一致认为军方的武力手段有其必要性。讽刺的是，解放广场仍然充斥着支持军方的集会。

“反抗”运动参与者齐指兄弟会是法西斯，军方则进一步定性兄弟会为“恐怖组织”，并向前朝学习，索性把该组织宣布为非法，从抹黑到追杀，其目的很明显，就是要完完全全截断兄弟会的参政之路。无论从哪一个角度看，这都是对民主精神的严重摧残。恨你恨到杀死你。这种为求目的，不择手段，不惜代价，务要把政敌置于死地的做法，结果是不能对话，没有包容，国家无法和解。如果军政继续不分家，动轨诉诸流血“政变”，这只会令埃及政治生态大倒退。

有一些不满军方做法，也不支持穆斯林兄弟会的解放广场抗争者，另立“第三广场”，表示要还原当初 2011 年 1 月 25 日的革命精神，但他们势孤力弱，起不了什么作用。

穆斯林兄弟会与美国

令我更感疑惑的是，备受尊重的知名埃及左翼经济学家萨米尔·阿明（Samir Amin），认为穆尔西和穆斯林兄弟会政权的倒台是埃及人民的重大胜利，因为穆尔西及兄弟会在 2012 年大选时，透过以面包贿赂广大贫穷的选民，美国仍说选举公平公正，令世俗派候选人落败，穆尔西才获总统职位。换言之，在阿明眼中，穆斯林兄弟会是美国的傀儡。他认为穆尔西上台后，在经济上为了讨好美国和国际货币基金组织，继续沿用新自由主义政策，不断变卖国产和私有化，取消燃油及粮食补贴，打压工会，还在西奈半岛成立自由贸易区，让以色列得益。结果是，该地区黑帮横行，人民生活雪上加霜。阿明又说，西方势力、以色列和海湾国家不欲看到一个民主、进步、独立的埃及出现，由于埃及一旦如此，他们便无法控制了。因此它们利用犯罪腐败分子和伊斯兰圣战者，摧毁中东新生的民主，人民只有靠军队来挫败他们。[1]

可是，埃及世俗派与军方结盟，会不会引狼入室，得不偿失？另一

[1] 阿明曾接受中国媒体访问，谈穆尔西下台。请参考李北方：《真正的危险是外侵，不是内战》，06/08/2013，《南风窗》2013 年 16 期。

方面，回看穆斯林兄弟会与美国扑朔迷离的关系，究竟他们是互相排斥，还是有合作空间？

在开罗，我访问了埃及国家计划局经济学家欧尼沙威（Ibrahim Elesawy），当谈到兄弟会时，他表示，根据他的研究，穆斯林兄弟会的领导层是资本主义的维护者。尽管该会以福利凝聚基层见称，但领导层有不少是富有的商人和专业人士，当中的沙蒂尔（Khairat al-Shatir）和马利克（Hassan Malek）是知名的企业家，其财富足与西方企业家比美，并且一直是自由经济的支持者。

在新埃及来临之际，有消息说穆斯林兄弟会高层曾亲赴华盛顿，其后接受美国《商业周刊》访问，表示不会破坏埃及既有的资本主义制度，以及过去穆巴拉克时代所信奉的自由经济政策。[1] 有评论更认为美国根本不会对穆斯林兄弟会心存恐惧，恐惧只不过是一种反恐手段。美国甚至希望伊斯兰原教旨组织永存，那他们便可以继续反恐，支持美国军事工业。更何况，今天的穆斯林兄弟会，已与反殖民时代不一样，对美国而言，若埃及军方失势，他们宁愿与兄弟会合作，去打击埃及蠢蠢欲动的反美左翼力量，以维护有利于美国利益的新自由经济主义政策。因此，穆尔西当选当年的年底，美国《时代》杂志便以穆尔西为封面人物，赞扬他是中东国家最重要的领导人。[2]

不论是透过战争还是民主计划，美国最主要的目的，便是要打通中东市场，把中东纳入美国的控制范围。而过去埃及正是中东地区新

---

[1] Suzy Hansen, "The Economic Vision of Egypt's Muslim Brotherhood Millionaires," *Bloomberg Businessweek*, 19 April 2012.

[2] 穆尔西接受美国《时代杂志》专访。详情见 An Interview with Egyptian President Mohamed Morsi: 'We're Learning How to Be Free,' http://world.time.com/2012/11/28/an-interview-with-egypts-president-mohamed-morsi-were-learning-how-to-be-free/#ixzz2f2IlqHd5.

自由主义的桥头堡，并且在独裁统治下孕育出一种新自由主义怪胎：威权新自由主义。随着 2009 年全球新自由资本主义危机的涌现，埃及的经济民生问题更为扭曲，贫富两极化严重，难怪有评论说埃及人的新世纪起义行动，也是一场有关追求经济正义的行动。

穆巴拉克的隔离政策

埃及贫富两极化有多严重？一位埃及人权工作者带我去了开罗近郊一个叫 Al Arafa 的地方，那里有个十分闻名的“死人之城”，大量墓穴集结该地，而其建筑承袭了古埃及对死亡的思维，外形如传统的房屋，可容纳先后去世的家人合葬在一起。远望像个古城，却有上百万居民，他们都是社会的底层。最令人吃惊的是，这里竟然有五十万人真真正正住在墓穴里，比菲律宾的墓穴之家大得多，而且一代又一代地接力下去，好像一条无法走完的地狱之路。他们是底层中的底层，乃是彻底被遗忘的一群。一位居民这样形容：“我们不被官方承认住在这里，官方也不确认此地的存在；我们没有电费单，亦没有可记录的地址。”换言之，他们没有地址之余也同时失去了身份，连最基本的人权亦丧失了。

为什么他们得要以墓穴为“家”？说穿了我们可能会感同身受。有当地学者指出是由于人口激增，特别在 1992 年大地震之后的增长。但真正的原因在于穆巴拉克政府不断以土地换资本。他在位三十年，其房屋政策只照顾富裕的阶层，对穷人的居住问题不仅没多大改善，反而把他们迫向边缘。只要你在开罗街头上随便问一名老百姓，他都会投诉，房价火箭式上升，基层民众被迫往贫民窟去。连贫民窟也住不起了，便往墓穴去。老一辈怀念起开国总统纳赛尔。一位老人家向我忆述说，在纳赛尔时代，教育、医疗均是免费的，并有为劳动阶层而设的廉价房屋。可是，当纳赛尔一走，什么都改变了，而又以穆巴拉克的变化最为彻底。

当我望向“死人之城”，四周绵延的围墙，就好像个被隔绝的围城，一如被高墙阻隔的巴勒斯坦人家园。此际，我想到黑泽明的《没有季节的小墟》。生与死、爱与恨同行，不见出路，唯有相濡以沫，居民之间守望相助，才不致令生存太过难以忍受。夜幕低垂，生人与死人同样淹没于无边的黑夜里。这里的生人故事，死人最清楚。讽刺的是，“死人之城”竟成为不少外国游客寻幽探秘的“圣地”，居民有感尊严一再受伤害，对游客十分反感。

在大开罗地区，存在着多个但很不一样的围城，这些围城除了把穷人隔离开去，其主要目的还是用来保护少数的富人。我凝望着，脑海里满是好奇，怎么似曾相识？以色列在巴勒斯坦自治土地上所兴建的犹太屯垦区，一样受到严密保护，周遭都是监视台、铁丝网、隔离墙和检查站，把屯垦区内的以色列居民安全地围起来，与巴勒斯坦人分隔。墙里墙外，一富足一贫穷，天堂与地狱，两个截然不同的世界。有评论早把这景象与南非的种族隔离政策相提并论。想不到，穆巴拉克也有不为人知的隔离政策，一种阶级隔离政策。

举个例子，在开罗边上的 Al Rehab，有个很大的富人社区，居民都是埃及权贵和外商，他们用围墙和闸门把自己与外面的世界分隔起来，并雇请私人保安确保社区安全。富人社区内有豪华的别墅式住宅、富丽堂皇的商场、完备的文娱设施、国际级别的私营学校和私家医院等。不少居民更以大型轿车代步，往返目的地。

在开罗美国大学任教的人类学家马拉菲（Safaa Marafi），曾就此做了一个很详细的田野调查报告。她强烈批评这种阶级隔离政策正侵蚀人心，制造更多的社会不公与阶级仇恨。马拉菲说，受保护的围城内居民，一方面享受优越地位，自觉高人一等；另一方面他们对外面的世界愈加歧视和不信任，而且形成一种恐惧文化。至于围城外的居民，他们认为受到歧视，面对不公平对待，不满情绪上涨。社会的凝聚力逐渐瓦解。

埃及社会学家阿巴莎（Mona Abasa）进一步指出，这是穆巴拉克与上层阶级及外商勾结的一项政治经济议程，就是阶级分离的新自由主义梦想（neoliberal dream of segregation）。[1] 1990 年代初，穆巴拉克接受 IMF 和世界银行的结构调整政策建议，加大经济自由化和私有化，这自然引起土地炒卖现象。当时的埃及房屋部门向私人企业，包括外资，出售开罗市外围大量土地，总共有 320 家私人发展公司投得并瓜分这大片地方，它们共兴建了 60 万套高档房屋。为了吸引富人投资，又设计出一个又一个奢华的围城，刺目地矗立在开罗的郊区，其他大城市亦相继仿效。

穆巴拉克倚仗有国际财金机构的背书，透过新自由主义政策，把埃及一步一步变成了私人俱乐部，国家财富流入了少数政治经济精英口袋里，这造就了埃及有 40% 人口生活在贫穷线之下。当 2011 年年初埃及革命爆发，有大批埃及青年便跑到这些富人围城，模仿已故美国总统里根在柏林墙下的名句，高呼“推倒这堵墙”！有趣的是，围城

[1] Safaa Marafi: Within the Gated: Before and After the Egyptian Revolution, AUC, 2011.

内的年轻富二代、富三代，也一样高喊“推倒这堵墙”！他们表达要融入外面世界的渴求，向穆巴拉克的阶级分离新自由主义梦想说不！

“谁控制了埃及”

正如欧尼沙威所说，民主尚会赋予新自由主义有一种合法性。但过去埃及的新自由主义，却是一个被称为“威权新自由主义”的矛盾怪胎。事实上，新自由主义在埃及也是亲西方政策的主要部分。[1] 自萨达特上台，在1978年签定《戴维营协议》后，随即靠向西方，与以色列签下和约，从此定下埃及发展的基调。当1981年穆巴拉克接替遇刺身亡的萨达特，新自由主义也随着里根与撒切尔夫人上台而正式登上世界舞台。他们希望透过中东的代理人，打开资源丰富的中东市场，主要的手段就是把新自由主义根植于该地区，即鼓励开放国内市场、调低税率、削减公共开支、私有化产业、提升资本的流通度等。

当萨达特在位时，他迅速改变前任总统兼开国之父纳赛尔的社会主义民族经济政策，私有化重要国营工厂，引发工人连番大罢工，其中迈哈莱纺织厂（Mahalla Misr Spinning and Weaving Company）的罢工，最为轰动。经过长期持续的抗争，工人终于扭转私有化的命运。不过，自此就埋下工运的种子，而且成为埃及革命的主要力量。到了穆巴拉克时代，特别是1991年，美国向穆巴拉克宽免外债，同时要求穆巴拉克按国际货币基金组织建议，进行经济结构调整，自此，新自

[1] 这方面我在《中东现场》已提到过。

由主义政策在埃及可谓变本加厉。

其实，埃及过去的私有化是个骗局。统治阶层的王亲国戚早已各就各位，窃取国产。在 2004—2008 年间，穆巴拉克政府出售大量公家银行，结果国际金融大鳄掌控了埃及的金融体制。走在开罗市中心，你会看到很多由外资接管的金融机构，随之而来的就是热钱流入，到处收购便宜的东西，股市上扬，建构一片虚假繁荣，GDP 维持 7% 的高增长。穆巴拉克政府太沉醉于美丽的数字。当然，他们是既得利益者。未几，政府又取消对外资投资本地房地产市场的限制，致使这个旅游胜地进一步成为全球房地产投机炒卖之地。美资投行高盛旗下基金便参与其中，大举入股埃及豪宅发展商 Palm Hills Development。

本来加强投资环境不应是坏事，问题在于政府的政策。穆巴拉克政府对外资完全不设限，没有红利税，并取消投资资本的最低要求，外资自由进出，这让埃及成为中东与北非地区的投资胜地之一。结果，当 2009 年油价下滑，热钱流走，跨国企业撤资，到头来谁是最大得益者？他们没有在埃及制造可持续性就业机会，又没有让埃及的贫穷得到改善，经济结构调整引来无日无之的罢工示威。埃及的中产阶级也站出来了，他们也是新自由主义政策的受害者，他们正在贫穷化，看不到出路。威权新自由主义让人们没有发言权、参与权，大部分财富集中在统治阶层手中。当危机涌现，人民被迫到一个角落，无路可退时，革命便出现了。

2004 年 6 月在八国集团峰会举行之前，一份由美国草拟的“八国集团大中东计划”工作档案被泄漏。该档案中有一个主题：在中东推动相当于东欧共产主义国家倒台后的大规模经济变革。其所依靠的手段，可见的是支持亲美独裁者，以军援换取政治经济领域上的合作，又或以战争铲除反美独裁政权，推销美式民主，为新自由经济政策铺路也消减对以色列的威胁危机。[1] 但吊诡的是，美国的中东政策却孕育出该地区的恐怖主义，影响全球安全。

可惜的是，来自穆斯林兄弟会的穆尔西上台后，一样走向国家权力与资本合一，重复穆巴拉克的老路。所不同者，这次穆尔西是要把权力与财富集中在兄弟会手中，军方看在眼内，当然不是味儿。可是穆尔西在经济政策上无法跳出前朝框框，大刀阔斧进行改革，结果埃及的贫富悬殊继续扩大，民不聊生。根据埃及财政部的报告，在 2011 至 2012 财政年度，埃及政府财政赤字额为 1667 亿埃镑（当时 1 美元约合 6.1 埃镑，2013 年降至 1 ∶ 7）。此外，2012 年埃及失业人数达到 330 万，比 2010 年（230 万）增长了 43%，青年人失业率尤为严重，不少大学生毕业即失业。开罗美国大学经济系教授 Samer Atallah 早有预测，“埃及革命”后经济一蹶不振，如政治乱局无法改善，埃及将失去经济发展的机会。

可是，穆尔西上台后未能控制乱局，更难言发展经济。当穆尔西向外求援时，国内对国际货币基金组织（IMF）开出的援助条件，有强烈的反对声音，穆尔西犹豫了好一段时间，最后还是满足了 IMF 48 亿美元贷款协议的全部要求，以解埃及的近渴。这当然引起国内社运人士抗议，他们担心，一旦与 IMF 签订这笔巨额贷款合约，即表示政府要如南欧一样，实行紧缩政策，增加税收，进一步恶化民生状况。他们认为，与其欠下外债，倒不如妥善利用和开发埃及现有资源，发

[1] Tamara Cofman Wittes, “The New U.S. Proposal for a Greater Middle East Initiative: An Evaluation,” Brookings, 10/05/2004.

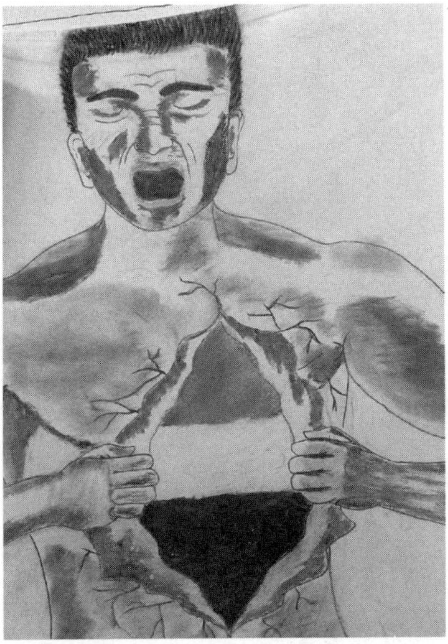

呼唤新埃及

展多元产业，加强公共建设。

“我们拒绝外国干预，小心经济受外来控制！”广场上不断传出这种呼喊。但一个依附经济体系要走独立之路，何其艰难。因此，有分析家指出，只要新政府不能摆脱旧有政策，找到新经济发展模式，埃及将无法走出困局。另一方面，IMF也在贷款上诸多留难，经济无法前进，但社会矛盾却日益扩大，从意识形态到宗教的冲突，大家对政府都采取不合作、不对话的态度，并不惜与军方结盟，直到穆尔西下台为止。

无论美国在当中有什么角色，结果都会两面不是人，一如穆斯林兄弟会。美国不能不支持军方，对埃及的军援，乃是1979年埃及与以色列签署和约时的其中条件；而穆斯林兄弟会执政时也不能太反美，因他们需大国支援重建国家，这不由得令人觉得穆尔西在走前朝路。

在埃及，当反兄弟会的声音高唱入云之际，反美的声音一样震耳欲聋。此时，我又走到开罗那一条街，上次看到墙上那一双如舞爪的手，下面的一行字“谁控制了埃及”，仍清晰可见。或许，真正的敌人，不是别人，而是自己。

附录：民主吸纳激进主义？

在以伊斯兰信仰为主的阿拉伯地区，人们无法忽视伊斯兰的力量。可是，埃及世俗派却向伊斯兰力量说不，并企图把他们排斥于民主进程之外，但这种做法可建立民主吗？抑或阿拉伯地区根本无法建立民主，伊斯兰与民主不能相融？

回顾 2006 年，这可说是阿拉伯地区的民主选举年。当年除了拉丁美洲以民主选举带出红色变天外，中东多国亦透过一人一票选出令国际侧目的结果——伊斯兰激进组织纷纷进入议会参与主流统治。这不禁使人好奇：民主可令激进主义变得温和？还是激进主义令民主变得激进？

从 2005 年到 2006 年，中东经历了多次重要的选举：黎巴嫩、埃及、伊拉克大选，以及在 2006 年初结束的巴勒斯坦国会选举。在这连番的选举中，被西方视为激进组织甚至“恐怖组织”的真主党、穆斯林兄弟会、哈马斯，竟然透过投票箱展示了惊人的力量，西方震惊之余，不得不重新审视中东民主的发展和方向。

真主党可算是较早参与现代议会政治的伊斯兰主义组织，它成立于 1982 年，是以色列入侵黎巴嫩时所引发的一股抗争力量，一直盘踞在与以色列接壤的黎巴嫩南部，拥有自己的武装队伍，背后有叙利亚和伊朗撑腰，是美国和以色列的心腹大患。

不过，随着黎巴嫩民主体制的建立，真主党不但是一个政治宗教的抵抗组织，同时也是一个政党。可是，他们一手拿选票，一手却仍拿着武器，未曾因参与民主游戏而解除武装，致使黎巴嫩出现一个奇特的景象，就是三种武装势力并存：国家的、真主党的和叙利亚军队（撤出前）。

美国以为把叙利亚踢出黎巴嫩，就可打击真主党，怎知在 2005 年 5 月大选中，真主党竟然从原来的 12 个国会议席增多至 23 个议席。这除了反映出黎巴嫩社会内部断层外，选民亦用选票告诉世界：南部领土只要受到威胁，真主党就仍大有市场。

至于埃及这个阿拉伯地区的大阿哥，所面对的情况更是戏剧化。总统穆巴拉克为配合美国在中东推动民主的政策，不得以于 2005 年底有限度开放选举，并暗中扶植世俗政党上台，怎知他们却给穆斯林兄弟会打个落花流水，令穆巴拉克大失所望之余，又要应付穆斯林兄弟会这个死敌乘势而起。

穆斯林兄弟会是伊斯兰世界一个历史最早的现代伊斯兰主义组织，曾与埃及建国之父纳赛尔并肩打江山，其后与埃及世俗政权分道扬镳，甚至势不两立，并走向激进，曾涉入多宗暗杀及恐怖爆炸事件，兄弟会遂被定性为非法组织，只能从事宗教活动，不可参政。在叙利亚，加入兄弟会更会被判死刑。

一直被禁涉足政坛的兄弟会，想不到选举稍一开放，即能在有限政治自由下迅速扩展力量，大受选民欢迎，穆巴拉克政府慌忙以暴力手段打压，阻吓支持兄弟会的选民走进投票站，上演了一幕被西方视为丑陋的选举。但兄弟会仍大获胜利，取得了20%的国会议席，成为最大的反对党。《国际先锋论坛报》形容兄弟会是“唯一站得住脚的政党”，这对埃及政治不无讽刺。

人们不禁要问，中东世俗力量是否已慢慢被宗教力量取代？那么，美国欲以民主改造中东的如意算盘，是否愈打愈乱？以伊拉克为例，这是美国改造中东的前线国，但美国用枪杆子打造出来的民主，却反成为伊斯兰什叶派复兴运动的突破口。

2005年12月15日伊拉克举行真正议会大选，由美国扶植的阿拉维派，选票比前减半，而战前由美国一手捧红的代理人查拉比（Ahmed Chalabi）却连一个议席也拿不到。这批亲西方的世俗什叶派光芒在大选中竟然被宗教什叶派所掩盖。《华盛顿邮报》指出：伊拉克首次启动民主列车，世俗性和非教派政党却成为最大的输家。英国《独立报》更形容选举标示了英美在统一伊拉克土地上建立亲西方民主的希望最终沉船。伊拉克出乎意表的选举结果，将会令伊拉克继续动荡不安，美国从伊拉克抽离更形困难。

中东的宗教势力透过民主制度夺取权力，使得2006年1月25日举行的巴勒斯坦议会选举更惹人注目。令美国和以色列咬牙切齿的哈马斯，在地方和市政选举中已不断报捷，这让他们在议会选举形势大好。

面对此一情况，各方企图为哈马斯参政设下条件，包括解除武装、接受和平路线图、承认以色列等等，有关方面又以不断拖延选举日期来减低哈马斯的冲击力。最近，美国和欧盟分别宣布：若哈马斯主导国会，他们会考虑递减甚至切断对巴勒斯坦的经济援助。

在威迫与利诱之下，巴勒斯坦自由行使其民主的权力将无可避免受到影响。而在议会选举前夕，西方对巴解组织又突然做出大量经援，变相资助世俗力量的巴解购买选票，只可惜巴解主要势力法塔赫不济事，内部分裂成温和的元老派和激进的少壮派，未能团结一致对抗强势政敌哈马斯。

政治伊斯兰宗教力量横扫中东地区，这是否拜美国的中东外交政策所赐？战争与占领带来严重经济破坏，中产阶层和教育精英受到打击，民主骨干的公民社会无法健康成长，激发激进思想，而民主进程能否吸纳激进组织透过和平手段表达政治诉求，或倒过来挟持民主以完成他们的激进议程？而美国在中东的“民主决心”亦受到严峻考验，是输打赢要？还是尊重当地民意？中东地区，始终是变幻莫测。

突尼斯：自由与尊严的呐喊

种植荆棘之人将自食恶果。

（Who grows thorns will reap wounds.）

——突尼斯诗人艾布·伽西姆·舍比

（Abou al-Kacem Echebbi）

突尼斯，这个濒临地中海的北非小国，竟然就是引发一场阿拉伯革命的原乡，我当然不能错过它，更何况大家都把其革命浪漫化成为“茉莉花革命”。可是，走在突尼斯街头，又或在餐厅想叫一杯茉莉花茶，奇怪都欠奉。茉莉花啊，茉莉花啊，你真的存在于突尼斯人的心中吗?

我第一次认识突尼斯，是当翻阅巴勒斯坦解放组织的历史时，发现原来阿拉法特 1982 年在黎巴嫩被以色列追杀时，便是流亡到突尼斯了，而巴解组织总部也随他搬到该地。1985 年，以色列空军为了干掉巴解，越境轰炸突尼斯，令当时的总统布尔吉巴（Habib

Bourguiba）大怒。2004 年阿拉法特去世后，布尔吉巴继任人本·阿里接待过阿拉法特妻子苏哈和女儿，让他们定居突尼斯，后来双方翻脸，苏哈与本·阿里太太齐齐卷入贪污事件，苏哈被召作证。当她重回突尼斯，竟然高调表示，为突尼斯人踢走贪腐的独裁者而大感高兴。

对于突尼斯人而言，本·阿里的太太莱拉·特拉贝尔西（Leila Trabelsi）最贪，她一手建立起她的家族经济王国，控制了国家内大部分企业，实行为少数利益服务的垄断资本主义。在本·阿里及家人的奢华背后，是生活在水深火热中的老百姓，却不为国际媒体所关注。待革命发生，大家都作惊讶状，为什么会是突尼斯？

从开罗飞突尼斯首都突尼斯，需三个半小时，中间隔着利比亚。在飞机上，坐在我旁边的也是一名记者，来自意大利。他就世界大事与我东拉西扯，我有点跟不上，脑海一片混乱。以前可以一口气跑六七个国家，甚至九个仍不知疲累，现在真的不成了。

一个人独自在旅途上，周旋于多国之中，体会到别国人民生活的艰难，实不无感触。来到突尼斯，每件事都令我觉得新奇，伤感之情也慢慢消散。记得已故巴勒斯坦学者扎伊尔德曾撰文盛赞突尼斯，它是阿拉伯世界以至非洲地区的一个异类，最开放、最西化、最现代化，就如一颗明珠荡漾在南地中海的波涛上。走在首都突尼斯的大街小巷，也的确感受到它靠近欧洲多于非洲。当地人民说阿拉伯语也说法语，有些高档餐厅索性全部用法语。

突尼斯咖啡店：巴黎风情

从布尔吉巴到本·阿里

突尼斯自1956年摆脱法国殖民统治独立之后，便努力走上世俗现代化之路，即使伊斯兰主义者，也是阿拉伯世界中最温和最开放的，这可说是开国元首布尔吉巴的功劳，他采取包容多元的政策，即使生活在突尼斯的犹太人，亦可与当地阿拉伯人和平共处。

不过，如果追溯历史，突尼斯这种开放之风，早在法国殖民之前就已存在，在十九世纪期间，当时的侯赛因王朝积极推动内部改革，在教育方面创立巴多理工学院，又在济图纳清真寺内设立多项教育活动，未几改革济图纳大学的教学系统，提升国民质素。此外，一个现代化的常规军队亦在这个时期组成。国王侯赛因其后再进一步废除奴隶制度，并颁布《基本公约》，相当于人权宣言。最后，他设立了大委员会，为现代国会立下基础，企图逐步迈向现代政治。

只可惜好景不长，国家外债高企引发严重经济危机，暴乱不断，再加上饥荒和瘟疫等天灾，法国借机成功入侵突尼斯，使该国成为它的"保护国"，事实是殖民统治。来自立宪社会党（Parti Socialiste Destourien，PSD）的布尔吉巴，为国家独立四处奔波，起草独立宣言，并因此被法国逮捕入狱。获释后继续领导独立运动。在国际大环境的配合下，突尼斯终于在1957年成为共和国，而布尔吉巴则是开国总统。[1]

首都突尼斯市中心的主要大道便以布尔吉巴命名。而发生在2010年12月的革命，有示威者便曾表示，他们是布尔吉巴之子。如果你是

---

[1] 参考 Kenneth Perkins, *A History of Modern Tunisia*, Cambridge University Press, 2004.

游客，特别是年轻人，可能会对突尼斯这个城市有不同看法，因它不像其他首都大城市充满活力和娱乐性。与开罗相比，更是差太远了。一到晚上七点，突尼斯的旧城店铺陆续关门，很快便冷冷清清，与新城连接的哈比·布尔吉巴大道也跟着清静起来。这里没有夜生活，看来人们生活颇健康。星期五休息半天，星期六又休息半天，星期日全天候休息。

我是星期天来到突尼斯的，原以为跟其他伊斯兰国家一样，这里星期天也是工作日，怎知当日该城静如死城，还以为是我选择的旅馆不在市中心之故。问了旅馆职员才知，突尼斯人为了靠近西方，选择星期天休假。即使作为民族主义者如布尔吉巴，他在位时一样选择靠向西方的政策。在政治上，他努力建立一个宽容的独裁政体，社会开放，但他还是紧握权力不放三十年，直至 1987 年卧病在床，被本·阿里来了一个变相政变，接替了他。

在经济上，布尔吉巴采取亲美政策，他上台不久，即与美国签署双边经济协议。该协议后来交由美国国际开发署（USAID）执行。有分析指出，USAID 与国际货币基金组织（IMF）和世界银行的性质差不多，它们都是以援助为名，前者替美国开辟市场，后两者则在全球推行合乎西方利益的自由市场。

面对国家的重建，百废待兴。除了 USAID 外，布尔吉巴还接受 IMF 的援助，不得不按 IMF 要求，实施《结构性调整方案》（Structural Adjustment Program for Tunisia），其中一个调整手段，就是解除突尼斯政府对粮食的资助计划。结果，突尼斯本土粮食敌不过国际市场竞争，逐渐萎缩，到最后得要依靠欧美农业产品进口。讽刺的是，欧美却没有放弃对其农产品的津贴。

突尼斯慢慢跌进新自由主义的怀抱里，依附经济一步一步牢固，该国人民尝尽高通胀之苦。1984 年，突尼斯便发生了一场面包暴动，劳动阶层为传言面包会加价超过一倍而走上街头。噩梦成真，突尼斯已丧失了粮食自主的能力，当时有不少评论把矛头直指布尔吉巴的经济政策。在突尼斯，当我碰上年长的一辈，他们都会告诉我，国家经济表面风光，底层却暗潮汹涌。

本为军官的本·阿里，在 1987 年发动了一次不流血且低调的政变，就是借布尔吉巴卧床，与两名医生串通，指布氏年老病重，无法继续执政，由当时的总理本·阿里接任总统。[1] 本·阿里一上台，立即深化布尔吉巴的新自由主义经济政策，他除与欧盟签订自由贸易协议外，又与欧盟签署《联合协议》，由 IMF 协助突尼斯进行紧缩政策，大规模私有化国营产业，首当其冲的是工人，工资大幅下滑，突尼斯遂成为欧盟的廉价工厂。如果说突尼斯是欧盟的后花园，也不为过。

本·阿里倒台前，IMF 曾大赞突尼斯的经济表现，而外界过去也一直认为该国的经济在北非为最好。本·阿里虽独裁，但至少带领国家迈向现代繁荣之路。因此，当突尼斯带头闹起革命，几乎所有评论家都摸不着头脑。难道以前的荣景都是幻象？

我就此专访了突尼斯大学经济学教授法蒂·杰尔比（Fathi Jerbi），他告诉我，在前总统本·阿里逃往国外后，他们一群经济学家翻查过去的经济数据，发现有很多与事实不符，都是伪造的。这可真令他们太头痛了，他们无法掌握国家的经济实况，那又如何厘定政策？因此，

[1] Christopher Alexander, " Authoritarianism and Civil Society in Tunisia Back from the Democratic Brink ," The Middle East Research and Information Project, http://www.merip.org/mer/mer205/authoritarianism-civil-society-tunisia.

当务之急就是重整经济数据。杰尔比教授又说，本·阿里只是在做他的粉饰工作，他很懂得讨好西方国家，大推世俗化政策之余，又向它们开放市场，与国际资本大做生意，但得益的都是他和他太太的家族，他们的家族垄断了近百分之八十的企业，裙带之风甚为严重。

奇怪的是，难道 IMF 对本·阿里的弄虚作假一无所知吗？至少美国是知道的。如果美国知道，IMF 岂有不知？“维基解密”在革命发生前一年泄露了美国驻突尼斯大使的一份情报报告[1]，大标题及部分内容如下：

突尼斯腐败：你们的就是我的

（Corruption in Tunisia: What is yours is mine）

> 在 1992 年与本·阿里成婚前，总统二太太莱拉（Leila Trabelsi）本是一个出身卑微且文化水平低的理发师。但自从嫁给总统后，她的家人伙同总统家人开始敛财，在突尼斯许多最知名公司都拥有主要股权。在两年前美国驻突尼斯大使戈代克（Robert Godec）所写的一份电文中提到：“看上去突尼斯企业界的一半都可以说是通过婚姻与本·阿里相联……本·阿里的妻子莱拉和她的家族——特拉贝尔西——在突尼斯人中激起最多不满……（民众）议论他们缺乏教养、社会地位低下以及明目张胆地贪腐。”
>
> “他（本·阿里）的家族就像黑手党。”在突尼斯东南部度假

[1] http://billypan.com/wiki/08TUNIS679.

胜地哈马马特（Hammamet）工作的胡斯尼说。这座古老的地中海小村庄一直都是本·阿里与其大家族成员至爱的避暑胜地，许多本·阿里的亲戚利用聚敛的财富在这里建起海景豪宅。

在市中心工作的会计师乔尼（Fatih Joni）说："他（本·阿里）是一个盗贼。二十三年来他的家族偷走了一切。"一名示威者说："我们正承受特拉贝尔西偷窃的后果。突尼斯每一个主要的部门都被夺走了。他们掌握通讯的一部分，他们掌握汽车业的一部分，他们掌握超市的一部分，全部都是这样。"

突尼斯人不需靠维基解密才得悉自己总统的恶行，人们私下早已形容本·阿里政权俨如一个庞大的黑手党。国际传媒没有看到这点，又或故意不去谈论，只集中在他的西化形象与自由市场，把突尼斯形容为"北非明珠"。事实上，在本·阿里治下的后期，失业情况不断恶化，来自劳动阶层的抗议，过去多年以来此起彼落，但迅速又给镇压下去。

12月17日对突尼斯人是个特别日子。2010年此日，一名二十六岁的年轻小贩穆罕默德·布瓦吉吉（Mohamed Bouazizi）在家乡西迪布济德（Sidi Bouzid）自焚，抗议有关部门无理驱赶、没收他售卖的东西，又殴打他，但投诉无门，在绝望下了断生命。他的自焚不是偶然的个别事件，这暴露出突尼斯严重的经济失衡，人民生活艰苦，同时也暴露了在独裁者本·阿里统治下，贪官污吏横行及社会的不公义。一场外界称为"茉莉花革命"的运动，由此蔓延整个阿拉伯世界。

北部多富人地区

茉莉花的误会

奇怪的是，当我在突尼斯采访，提到“茉莉花革命”的时候，突尼斯人都会扁起嘴，义正词严地告诉我，他们没有为革命冠以“茉莉花”的名称，同时亦不喜欢这个称谓，只是当初有一名法国记者这样称之，全世界便这样说。其实，突尼斯人称为“尊严与自由的革命”。我问为什么他们对“茉莉花”称号这么反感呢？因为他们有感革命绝不如茉莉花般浪漫，在革命中牺牲的人数以百计，他们心里至今仍在淌血。

此外，茉莉花在富裕的北部沿海城市盛开，在贫困的南部却孤清凋零。2010 年年底的革命，也是南部向北部的一场控诉。可是，过去外界包括媒体，只看见北部的繁荣，听不到南部的哭声。北部，特别是东北部，从苏塞（Soussee）到哈马马特，我专程跑去看个究竟——这可真是一个不同的世界，濒临地中海的海滨地区，是旅游与地产的发展重地，游艇与豪宅承载了多少欧洲人在这颗“北非明珠”身上的浪漫追逐？同时又埋藏了多少达官贵人的致富梦想？

但南部呢？我来到突尼斯不几天，一次在一家餐厅，一名服务员告诉我，有南部失业者在国会门外绝食。我用餐完毕后，便立刻往国会去。突尼斯没有地铁，主要交通工具是在路面行走的电轨车，纵横交错，叮当之声此起彼落。我还以为全世界所有国会都在市中心，怎知突尼斯的国会竟在郊区边沿，环境清静，四周都是民房，突然有一驻兵的国会在这个地区出现，感觉有点奇怪。突尼斯居民打趣说，可能政府不欲人民这么容易跑到国会去示威吧！

无论如何，自革命过后不久，在国会旁便有一群从中南部前来的失业人士，主要是年轻人，当中有不少大学毕业生，他们在那里扎营，抗议失去工作机会与权利，要求新政府正视问题。我走近他们的示威营地，一阵异味扑鼻而来。他们在这里已有半年了，盥洗和饮食在附近一间小餐馆解决。偶尔会有同情者前来，捐赠食物和衣服。看着他们这群一脸稚气的年轻人，眼神空洞迷惘，前途茫茫，国家怎能不感到羞愧？

突尼斯独立之前，教育是特权阶级的专利，当时只有一成多一点的人口享有教育福利。立国之父布尔吉巴上台后，大力推行普及化教育制度。自1991年开始，所有六至十六岁的孩童都必须接受强制性基础教育。教育的普及化本来是德政，但国家的经济未能吸纳所有毕业生，不能为他们提供足够的就业机会，近年更不断恶化。我从西班牙走到希腊、埃及，如今是突尼斯，失业率是个大杀手。IMF不仅没有

突尼斯年轻人面对长期失业之苦

扶助解决问题，反之深化困局。在 IMF 制定的紧缩政策之下，裁员削支令大学毕业生的失业问题愈见严重。

有人告诉我，引发革命的自焚小贩，本身也是一名大学生。早在 2006 年，数十名突尼斯大学毕业的失业生发起抗议，指责政府的新自由主义政策剥削了他们就业的人权，遂组成“突尼斯毕业失业生联盟”(Ligue Tunisienne des Diplômés Chômeurs)，他们很快成为本·阿里的眼中钉，多番受到政府镇压。尽管困难重重，他们仍能逆流而上，在全国各地，包括卡夫沙 (Gafsa) 等南部地区，成立小组委员会。这次突尼斯革命能够成功，上述组织功不可没，从中亦可看到组织动员能力强大，说穿了，只是证明人心已远离本·阿里。

图中中年人，长期失业，向记者吐苦后声称会自杀

有一天，大地子民会以面包之名对你造反，宣称没有犯罪，只有饥饿的人群……

——陀思妥耶夫斯基《卡拉马佐夫兄弟》

没错，就是这样。2011 年 2 月，“突尼斯毕业失业生联盟”终于合法化，正式浮出水面。他们随即重组为“突尼斯毕业失业生工联”(Union des Diplômés-Chômeurs)，与工会汇合。这个组织很快便扩展到四万五千名会员，全国成立了一百个分会，声势浩大，曾在突尼斯各地推动多次大规模罢工抗议。可是，新政府对经济一样一筹莫展，在过去十多年来，高等教育毕业生失业问题越来越严重，根据世界银行统计，青年失业率已超过 30%，在某些领域甚至接近 60%。失业，如瘟疫，继续在这个国家肆虐。

我在示威营地站了不到十分钟，一位年约五十岁的瘦削男子前来，他一身破旧衣服，神情疲累，一脸哀伤。他到处找记者，表示有话说。他抓着一位男记者，表示："我有五个孩子，最大的才刚升上高中。整个家的重担都压在我肩上。但我已失业三年多，山穷水尽，再无法尽爸爸、尽丈夫的责任，过去我曾自杀两次，都不成功。现在，跟你们说过后，我便会再次去自杀。"男记者一字一句给我翻译，我难以置信，还以为他要钱，但当我写下笔记，再抬头时，他已消失了。其他人若无其事，回到帐篷里；那位男记者也急步赶回报馆去。

那究竟是怎么一回事？救人啊！记得在巴格达时，人们对死亡的消息，有一种自卫式的冷漠。可能，只有这样，你才能够忍耐生存。示威者特别造了一个穆罕默德·布瓦吉吉的布人像，画上两串泪痕，其中一名示威者阿里挨近布人像对我说："他代表了我们南部人的全部痛苦。"这句话令我内心良久不安，也因为这句话，我决定往南部一趟，以了解真实的情况。另一名示威者塔力德·马卜尔奇 (Tarek Mabrouki) 建议我找他在南部的姐姐，她是英语老师，熟知南部情况，可以帮助我。就这样，我往南部的行程敲定了。适逢新年时节，我想买一些小礼物给将会认识的新朋友。

在突尼斯，正值新年前夕，学校早已于两星期前展开新年假期，但在市面，一点新年气氛也没有。没有灯饰、没有礼物、没有祝贺语，也没有倒计时，就如平常日子一样。其实，突尼斯人不是要忘记新年，而是他们根本太穷，缺乏能力去庆祝节日。这现实又打破了突尼斯另一个幻象，因为外界都说突尼斯人在阿拉伯国家中比较富裕，这真是一个美丽的误会。突尼斯南部有一半是撒哈拉沙漠，12 月 23 日开始举行一年一度为期一周的沙漠节，过去游客都会带着好奇去参观。但革命后的突尼斯，游客锐减，不过说实话，安全问题是个严肃的考虑。突尼斯人见到亚洲面孔的外国人，便会大呼“你好”，或是“康尼兹娃”(日语午安之意)。我在街头走不到十分钟，便有超过十个人这样向我打招呼，烦得我想叫救命。

在突尼斯期间，很少见到中国人。怎知在中南部的某个小镇，却能碰上中国医疗队，并获邀吃了一顿家乡菜。原来，中国向非洲派出医疗队伍，援助当地医疗服务，始于七十年代，至今已有四十年的历史。每一批都以两年为期，我所遇到的是第十九批，来自江西。随行的除了翻译，还有“御厨”，他们在当地租下一所房屋作为基地，在花园种植家乡蔬菜，例如大白菜、芥菜、唐生菜等。当地人狩猎打到野猪的话，便交给中国医疗队，赚点钱。因此，他们在不吃猪肉的伊斯兰国家，也可吃到猪肉，而且是野猪肉。他们煮的都是江西菜式，烹煮猪肉的方式也是江西的。我也不管了，一坐下就大快朵颐，仪态亦不管了，一口气吃了三碗饭，野猪肉也吃了半碟，果然是美味无比。

这是我这次出门多月以来吃的第一顿中国饭啊! 饭后喝一口茶，才感到的确很饱，想到刚才的饭碗比家里的大了一倍，那我岂不是吃了六碗饭! 不要想太多了。在荒芜苍凉的突尼斯南部，有得吃便要尽情吃，而且在异乡过节竟能享受中国美食，上天对我也太好了。不要问我从哪里来，我的故乡就在我肚子里翻腾! 当我在南部黄土地上吃着沙尘时，我曾自问为何要来这个荒芜之地? 此时我忘记了自己是记者，疲累不堪的身体有时令我软弱，若非在途中大吃了中国医疗队的一顿

南部穷困，成为革命根源

中国饭，我可能会缩短行程。

吃饱后，继续随公交车颠沛前行。沿途上，无数棵橄榄树就在我眼前出现，可惜的是，大多一片干枯，但仍然力抗风沙，拒绝倒下。我看着，看着，心想，这大抵就是此地生存状态的写照了吧。我的眼皮禁不住垂下来，做梦去。抵达中南部主要城镇卡夫沙时已是夜幕低垂，整个城镇好像电力不足一样，一片黑沉，街头行人寥寥可数，偶尔见到微弱的灯光，都是来自卖阿拉伯三文治的孤零个体户。走进空虚的黑夜，我要找的酒店竟关门大吉，心里突然一阵慌张，的士司机把我送到另一间旅馆，然后竟要多收五倍车资。

第二天早上，立刻坐车前往失业示威者塔力德的原居村落，去找他的家人。这村落叫奥堪勒拉艾斯（Oum Laaraiess），靠近阿尔及利亚的边境，受摩尔人文化影响。这荒凉之地原来有着丰富的天然资源，是全球第五大磷矿（phosphate）生产地，为突尼斯主要的经济来源。突尼斯南部本就沙尘滚滚，这里更是令我呼吸困难。矿场的味道不好受，可是，这个乡镇大部分人口，世世代代便为矿场打工，有不少因此得了肺病，甚至肺癌。

我终于找到了塔力德的姐姐罗丹娜及姊夫艾伯咸，他们为我这位外来者一早打开大门，热情邀请我到他们家里作客。罗丹娜英语流畅，她本可以往北发展，但她全部家人都在奥堪勒拉艾斯这村落土生土长，大家庭左邻右里，互相扶持，早已好像一个身体，岂能折肢？谈到塔力德，罗丹娜眼泛泪光，说："他是个很纯朴的好孩子啊！排行最小，我们对他十分爱惜。他去年在卡夫沙大学毕业后，一直找不到工作。早前，这里有些年轻人商议到首都国会抗议，他毅然参加，到现在差不多两个月了，我们都很担心。"她拿出塔力德的照片给我看，从

艾伯咸夫妇在南部接待作者

小时候到大学时代，他的确长得很帅，旁边的亲人簇拥着他，笑容灿烂。罗丹娜问我，他小弟在首都示威营地的情况。刚要回答，突然想起塔力德的嘱咐："千万不要告诉我姐姐！"在我临行时，这些小伙子已开始绝食抗议。第一次我去营地探望他们时，阿里向我讲解他们的诉求，告诉我，总统快来见他们了。第二次，阿里仍然满怀希望，一再重复，总统快来了，塔力德也以坚定的口吻这样说。结果呢？戈多先生始终没有来。

春去秋来，冬天亦已到临。独裁者本·阿里与家人早已慌忙逃往沙特阿拉伯；而人权运动家、前反对派领导人马佐基（Moncef Marzouki）亦就职新总统。国会对面行人路一个角落，挂满革命情景的海报，有些已经剥落，随着寒风左摇右摆。一切好像是很久远的事了。但这群失业示威者依然蹲在国会门外，情况一点也没有改变。塔

代表世俗派的马佐基成为革命后首任总统

力德还喃喃自语说："本·阿里来自北部，他不理会我们的生死，但新总统是来自南部的，他一定会拯救我们。"他有气无力，双眼布满红丝。我又嗅到了他们身上的异味。这叫我怎样向罗丹娜说呢？

南部的泣诉

吃过简单的午餐，艾伯咸急不可待地带我去了解他们村落的实况。艾伯咸感叹奥堪勒拉艾斯居民未能公平分享家乡的资源财富。这令我想到南美洲玻利维亚人曾自嘲他们是"坐在金矿上的穷人"，奥堪勒拉艾斯居民也不是这样吗？法国殖民时，以宗主国的身份，在突尼斯享有特殊的投资权和矿藏开采权，即使解除殖民后，特别在本·阿里统治时代，法国作为前宗主国，以及其企业，依然拥有投资优势。

该地的磷矿为国营大企业 Compagnie des Phosphates de Gafsa (CPG) 垄断经营，并与外资合营进行提炼。艾伯咸告诉我，该企业过去一直总把好的职位分配给与他们有暗盘交易的有钱人，至于穷人子弟，即使他们拥有合乎资格的学历，亦只能在底层打滚。近年，因经济不景气，企业往往首先向穷人子弟开刀，大批底层工人被裁掉。"在本·阿里统治时，我们与政府部门或企业打交道，必须在私底下给点钱才能获得关照。我们对此受够了，希望这种文化会随着革命有所改变。"罗丹娜这样向我说。她还告诉我，2008 年，就在他们这个乡镇，早已闹过一场小革命。CPG 的底层工人对企业的贪污不公极为不满；再者，全球金融危机暴露了 CPG 生产模式的矛盾，他们再一次向工人开刀，终于引发大规模示威抗议行动，牵动了其他城市的工人，他们有感于被剥夺工作而丧失了权利与尊严。

鲁代伊夫 (Redeyef) 是一个矿业城镇，上街抗议的工人约有一万多；跟着是穆里埃 (Moulares)，两万居民参与示威，另一个城镇麦希拿 (M' dhila) 也不甘人后，而较大型的矿业城镇迈特莱维 (Metlaoui) 更有三万居民游行表达不满，要求改革。迈特莱维这个矿业盆地的开采，始于法国殖民时期，因此制造了大量的劳动人口。由于政策失误，长期偏向企业利益，在高利润、低成本的原则下，当地严重缺乏基础建设，工人受到赤裸裸的剥削，贫困问题恶化，社会问题丛生。从中可知，冰冻三尺，非一日之寒。而在一连串的工潮中，工人幸得有突尼斯毕业失业生联盟的团结支援。罗丹娜表示，CPG 工人该次行动便成了革命的种子，大家都等待机会对本·阿里政权进行一次大控诉。

上图：革命胜利后，何去何从?

下图：奥堪勒拉艾斯一家日资公司走了，工人仍死守工厂门外，等待复工因此，这解释了布瓦吉吉的自焚事件何以引发如此巨大的回响。可是，革命之后又如何？

突尼斯在后革命过渡期所面对的难题，一如埃及在第一轮澎湃的革命结束后，如何重建经济与社会秩序，制造更多就业机会，才是最严峻的挑战之一。奥堪勒拉艾斯还有一家日资企业矢崎（Yazaki），大老板最近一走了之。待他消失后，该公司才向员工宣布停止业务，他们计划搬到摩洛哥去，结果造成四百多人失业。奇怪的是，失业工人在厂房扎营，不是抗议，而是要保护公司的机器和物资不被抢掠，忠心期待老板回心转意，他们天真得让我感到悲凉。该国南部的日资企业矢崎撤走，听闻乃是由于革命所带来不确定性。其实，不仅矢崎，还有其他外资公司，都自称给革命吓走了。

因此，当你问突尼斯人，革命带来什么的转变？他们都会表示，在政治上无疑比以前民主自由，但经济上仍然一潭死水，甚至比过去更差，失业率继续往下滑。如果经济搞不好的话，第二次革命将会发生。奥堪勒拉艾斯便是一个例子。采矿工作一度受政治危机影响，减产甚至停顿，迟迟未能恢复正常生产，人民生活雪上加霜。我在艾伯咸和罗丹娜陪同下，在村落走了一圈。简陋的泥砖屋建在一片黄土地上，不时看到一堆又一堆的垃圾积存在街头，无人清理。孩子在垃圾堆附近玩耍，偶尔有几只羊在徘徊。

我与当地居民交谈，他们告诉我，家乡不仅卫生条件差，空气亦严重污染，连水也一样充满杂质。一位妇女向我展露她的牙齿，一排又黄又有垢渍的牙齿，乃是自来水所造成。她说，整条村的居民牙齿都和她一样，但是他们负担不起每天都饮用瓶装水，大部分时间照饮自来水，即使烧开也无效，水中的杂质依旧不断侵蚀牙齿。罗丹娜气

上图：有谁听到南部的呼喊声?

下图：作者与南部年轻人

上图：布瓦吉吉的纪念画像：自由与尊严的革命

下图：突尼斯人要触摸自由

愤地说："政府不愿投放资源在这里，连卫生也懒得理。这村落大部分男丁人口都受雇于CPG，没有太多选择：工资低，风险大，这里的污染来自矿场，我爸爸就是肺癌而死。但居民没有太多选择。除磷矿外，此地已几乎没有其他经济活动。"

我好奇，他们有什么娱乐？罗丹娜表示，看电视，这是他们与世界唯一的联系方式。晚上，罗丹娜做了一碟小麦米，这是他们的主粮。小麦米上有些土豆胡萝卜，还有三小块羊肉，这算是款待客人的一顿好菜式。我们三人拿着匙羹，共同分享这碟晚餐，你一匙，我一匙……之后，他们俩夫妇懒洋洋躺在地毡上瑟缩地看电视，晚上的时间就这样溜走了。而我，则在冰冷的空气中努力入睡。

数天后，我再坐公交车前往自焚小贩布瓦吉吉的家乡西迪布济德采访。就在他自焚的地点附近，便有一群失业者在扎营示威，宣泄失业之苦。一问之下，其中好几位竟然自1997年便无法再获工作机会，一直依靠家人支持。西迪布济德是阿拉伯之春的燃烧起点，新任总统马佐基在2011年12月17日，布瓦吉吉自焚一周年之际，特别跑到该城镇参与悼念活动，承诺会投放资源发展中南部。当地人半信半疑，不是怀疑新总统的诚意，而是怀疑他有没有这样的能力。

我站在另一边马路，望向对面的市政府，建筑物上挂了一大幅小贩布瓦吉吉的画像，下面有一行字：自由与尊严的革命。布瓦吉吉相貌堂堂，一派谦谦君子，看起来不是偏执之人，而认识他的当地居民也这样说。"他是乖孩子，很有学养，还是位大学生呢。如果不是为生活，他怎会出来摆摊？"一位老小贩慨叹。

我试图重组"案情"，在当地一位"毕业失业生联盟"成员的协助下，我采访了一些相关人士。布瓦吉吉一家七口，爸爸已过世，妈妈失去了工作能力，弟妹年幼，他无法不去独力支撑这个家。但他的工作申请，一直石沉大海，他岂能坐以待毙？最后，他走上街头卖水果，一天赚不到什么钱，生活捉襟见肘。2010 年 12 月 17 日，一名女警指布瓦吉吉非法摆卖，将他的手推车和全部货品充公，令他血本无归，心情大受打击。本来，按过去惯例，被拘小贩，只要缴付十个第纳尔罚款 / 贿金，相当于六块多美元，即突尼斯工人一天的工资，便可了事。但不知何故，女警还掴了他一巴掌，并往他脸上吐口水。布瓦吉吉感到无比屈辱，十分气愤，于是气冲冲跑到市政府投诉，又到警察局控告那名女警，但都没人理会他，反而给他白眼。

在这个本已充满不公的社会，普通老百姓连投诉也无门。结果，同日的早上十一点半，布瓦吉吉有感尊严受挫，失去了所有生活的选择，前路茫茫。他绝望地拿着一罐易燃液体，返回市政府大楼门前自焚，作出终极的控诉。布瓦吉吉变成一团火人，在熊熊的火光中，混杂了多少被视为社会失败者的呐喊？我隐约又听到他们凄厉的哭叫声。布瓦吉吉究竟是自杀的，还是他杀的？就是这一把火，烧出了老百姓积压良久的冤屈，愤怒如火山喷发出来。

“痛啊！我们都感到无比的痛楚。在这里，人人都是布瓦吉吉！”老小贩再次表达他的感同身受。其后，布瓦吉吉被送到当地医院，由于设备简陋，最重要是群情汹涌，政府知道不可不抢救他，因此便把他送到斯法克斯市（Sfax）较好的医院。随着同情者不满情绪上升，布瓦吉吉又被转送到东北部的本阿鲁斯（Ben Arous）一家更先进的医院。此时，多个南部城市的街头，已出现暴动，抗议的年轻人到处烧和砸，来发泄怒气。为了降温，本·阿里不得不亲自前往医院，探望在生死边沿挣扎的布瓦吉吉。只可惜，布瓦吉吉终于在 2011 年 1 月 4

布尔吉巴大道：严阵以待

布瓦吉吉就在这座大楼门外自焚

日走完了短短二十六岁的坎坷人生。

在布瓦吉吉的葬礼上，约有五千人参加，他们高唱："再见吧，穆罕默德，我们会为你复仇。今天，我们为你哭泣。但，明天，我们会让那些令你走上死路的人哭泣。"他们走出葬礼，随即便走上街头。怒火，就这样燃烧起整个突尼斯，而革命，亦接着爆发。

我把相机一再对准布瓦吉吉的画像，突然感到如此靠近这位年轻人，我想把耳朵挨到他的脸庞，聆听他的声音。其后，我在西迪布济德认识了好几位大学生，他们同样为前途忧心忡忡，计划毕业后往北部发展。其中一位叫哈默·约斯菲(Hamed Yousfi)，谈起前任总统本·阿里歧视中南部的政策，便愤愤不平。

外界一直认为突尼斯人民教育水平高，但哈默却告诉我，原来该国也有25%文盲人口，主要集中在中南部。哈默说："本·阿里来自北部沿岸城市苏塞，开国总统布尔吉巴也一样来自北部，他们大力发展北部，外界能看到的，就是突尼斯北部的繁华和文化水平，而本·阿里的家族就是在北部致富自肥。可是，你们知道有另一个突尼斯在受苦、在哭泣吗？"[1] 他继续说："当我们南部人首先在这里闹革命，被镇压，数千人流血的时候，东北部的人可能正在海滨酒吧喝啤酒，谈球赛呢！"[2]

我听后心里纳闷，我们对突尼斯的确了解不多，连人家对被称为"茉莉花革命"感到不满也不知道，继续以茉莉花称之。为什么他们对茉莉花的称谓那样反感？就是因为茉莉花只在北部盛放？突尼斯哲

[1] 有关本·阿里与太太的财富，可参考 Aidan Lewis："Tracking down the Ben Ali and Trabelsi fortune，" BBC。http://www.bbc.co.uk/news/world-africa-12302659.

[2] 突尼斯贫富差距极为严重，请参考 Mohamed Kriaa, Slim Driss, and Zouhour Karray, "Inequality and Spatial Disparities in Tunisia ," *The Journal of Business Inquiry*. http://www.uvu.edu/woodbury/jbi/articles_in_press/JBI-8-11-139%20Article%20in%20Press.pdf.

学家约瑟夫·塞迪克（Youssef Seddik）和牛津大学阿拉伯文学讲师穆罕默德·萨拉·昂利（Mohamed-Salah Omri）都一致反对这个称号，后者更写了一篇文章，标题是："突尼斯：一个为尊严和自由奋斗的革命是不能被赋予色码的"。[1] 顾名思义，昂利直指突尼斯的革命不是一场颜色革命，不能被赋予色码。过去发生在其他地方的颜色革命，特别是中亚，背后都有以美国为首的西方国家作为推手。颜色革命高喊"民主"，但其实是借西方民主的外衣来推翻非美国阵营的政权，目的是打开市场。你可以不同意这个观点，但突尼斯有不少知识分子都是这样想，"尊严"与"自由"才是他们争取的目的，他们不希望突尼斯革命受到西方世界绑架。

在西迪布济德，到处都是自由与尊严的标语。

伊斯兰主义的反弹

2011 年 10 月突尼斯举行了革命后首次民主大选，也是阿拉伯之春发生后首个阿拉伯国家的国会民主选举，结果被本·阿里禁制数十年的伊斯兰复兴党（el-Nahda Party）以大比数胜出，国际媒体大感意外，有不少国际评论更表忧虑，突尼斯过去的世俗化政策是否会受到冲击？抑或这是否预示，阿拉伯之春正为一场伊斯兰运动埋下伏线？[2]

[1] Mohamed-Salah Omri, "Tunisia: A Revolution for Dignity and Freedom that Can Not Be Colour-code ," Public Services and Democracy, 29/01/2011.http://www.tni.org/article/tunisia-revolution-dignity-and-freedom-can-not-be-colour-coded.

[2] Larbi Sadiki : " The Arab Spring: Voting Islamism" , 07/12/2011.http://www.aljazeera.com/indepth/opinion/2011/12/2011126105646767454.html.

备受争议的伊斯兰复兴党

事实上，不仅突尼斯，埃及的穆斯林兄弟会和伊斯兰极右原教旨苏菲教派一样在选举中大比数胜出，而利比亚的伊斯兰主义者亦蓄势待发。伊斯兰复兴党不断强调他们是温和开明的政党，其精神领袖Rached Ghannouchi更保证妇女将继续享受个人自由权利。最令外界津津乐道的，就是复兴党愿意与第一大世俗派政党共和议会（Congress for the Republic）分享权力，前者握总理职位，后者则掌总统权杖，这对阿拉伯后革命时代不无启示。

就此我在首都突尼斯专程拜会该党总部，并访问了该党政治部委员兼发言人赛义德·法扎尼（Said Ferjani）。法扎尼在本·阿里于1987年上台后不久，即因意识形态问题被流放到英国伦敦，直至去年革命后才回国。他一见到我，便抱怨西方记者总是以有色眼镜看待伊斯兰政党。他有点动气地说："什么叫做民主？这就是人民有权自由选择他们的政治代表。如今大部分突尼斯选民向伊斯兰复兴党投下信任的一票，外界便应该尊重突尼斯选民的抉择，不然即蔑视突尼斯人推行民主的能力。”

法扎尼又强调伊斯兰复兴党会继续实行开放经济政策。他说：“我们会较倾向混合型经济。一方面，国家会加大角色投入经济建设，另一方面不忘鼓励私有经济的发展，只有自由开放的政策才会让私有经济拥有蓬勃活力，制造更多经济机会。”他还表示，复兴党乐意看见公民社会的壮大，因为这是民主的支柱。不过，他强调必须保持独立的性质，免受任何政治力量所左右。

我问他如何看待与美国的关系？他说，突尼斯在革命中重生，现在首要外交任务是与各方面建立良好关系。他反问我，中国怎样看待重生的突尼斯？他希望中国能在经济上协助突尼斯，支持非洲的独立自主。至于宗教的角色，法扎尼表示它只会更多地扎根于文化和传统之中，而不会是一种政治意识形态成为主导思想。更何况，突尼斯一直是个世俗的伊斯兰国家。

可是想不到当我与突尼斯人谈到本·阿里的世俗化政策，他们却别有一番感受。原来，本·阿里统治时，立法强迫穆斯林男性不能束长及颈项的胡子，不可穿长袍；女性则不可包头巾。虽然没有明文规定在清真寺祷告的时间，但如有信徒待在清真寺的时间过长，国家安全部门便会起疑，随时拘留问话。突尼斯人感叹说，在本·阿里时代，他们缺乏西方国家的自由，也缺乏在伊斯兰国家应有的尊重。本·阿里走了，逐渐有突尼斯妇女把头巾缠上，在街头上也可见有蓄长胡子的男士，清真寺的颂祷声亦格外响亮，更何况伊斯兰复兴党现在得势。突尼斯的穆斯林表示，他们要寻回失落了的伊斯兰传统。

革命一周年之际，首都突尼斯曼陆巴大学（Univresity of

宗教女大学生要求有权蒙面

Mannouba）竟然上演了世俗派与伊斯兰主义学生之争的剧目。有小部分伊斯兰主义女学生要求穿黑袍蒙面上课，校方不准，遂爆发伊斯兰主义学生在校园内静坐抗议，认为他们的宗教权利不受尊重，并要求校方设立祷告室。这又引起了世俗派学生不满，指大学校园不是清真寺，自由开放之风不应受宗教影响。两者之间愈骂愈狠，国际传媒为之侧目，大肆报道。我亦不甘人后，跑到现场采访，惜新年假期已开始，火药气氛暂时减退，但还有几位长着胡子的男生不肯回家，坚持继续静坐。他们表示要对我的采访进行录像，放在Facebook上，他们还每天在推特（Twitter）上与外界对话，制造舆论。这些宗教学生利用最新的传播工具，来捍卫他们最保守的宗教传统，同时亦以此来试探自由与民主的底线。

“共和议会”一名年轻女成员曼娃感叹着向我说：“独裁政治结束后，我们的确呼吸着自由的空气。我们可以在公众场合尽情批评时政。但自由究竟是什么？革命后，民生秩序比以前更糟糕。你看啊！这里的人愈来愈不爱排队，交通混乱一片。因为他们认为自由了，还要遵守什么秩序？唉！我们被剥夺自由三十年，现在必须重新学习公民的权利与责任，这样才能落实民主的真正意义，包括聆听不同的声音。”我问及伊斯兰主义者的诉求，她是否会感到受威胁？她望着我好一会，回答说：“就好像过去受压抑的，一旦约束解除，便会来一个反弹。过去压抑有多大，反弹便会有多大。你知道吗，伊斯兰复兴党为什么能够胜出？就是因为该党没有一个成员与前朝有关系，加上大部分成员以廉洁见称。还有，他们都是受本·阿里打压的伊斯兰主义者，不排除有选民投该党一票以示向本·阿里报复。”

其实，布尔吉巴在位时，一样十分敌视本土的伊斯兰主义者，有人形容他对伊斯兰主义者的镇压甚至达到偏执的地步，影响到他在社会政策和经济政策上的表现，出现失衡的情况。到了本·阿里，他展示表面的民主作风，容许多党制，却用尽方法将他们边缘化，把他们的支持度压到最低；另一方面，他通过一个法律程序解散了突尼斯的伊斯兰主义组织。本·阿里这两面手段，前者令他多添民主色彩，后者可使他透过法律手段清除了国内的伊斯兰异己。由此可知，本·阿里比布尔吉巴更聪明地打压伊斯兰主义者，结果，突尼斯伊斯兰主义者纷纷逃亡海外，主要跑到英国寻求庇护，他们大多聚居于大伦敦的卡姆登区（Camden）。

无论是布尔吉巴还是本·阿里，他们对伊斯兰主义的敌视，可以说与他们的亲西方政策不无关系。有报道指出，本·阿里的背景颇为复杂。1950 年代，他就读苏塞中学时，参加了全国抵抗法国运动，最后被逐出校门，又被短暂监禁了一段时间。其后，他虽有反法的历史，但竟又可以到法国军校受训，而且接连在两所军校受训；后来，他又到美国马里兰州的一所情报学校就读，接着在德州的空军学校受训。本·阿里与法国和美国情报组织的暧昧关系，甚受争议。有消息甚至说 1987 年的政变，是本·阿里获西方协助而策划的。事缘于 1985 年，布尔吉巴对以色列越境轰炸巴解组织在突尼斯的总部，大为震怒，之后对以色列处处阻挠。1987 年，曾在美国情报学校就读的本·阿里，按当地记者说，得到当时美国总统里根的支持推翻布尔吉巴，从此，突尼斯彻底变成欧美的代理人国家，全面在突尼斯推行新自由主义政策。

有评论认为突尼斯没有石油，对西方没有作用，其实不然。原来所有整个北非的石油天然气北上欧洲，都要经过突尼斯跨地中海海底管道到西西里岛，再到达欧洲全境。只要跨地中海管道有失，北非以至欧洲油气供应便立即失衡。现时整个欧洲都冀望于北非的油气，可使他们不需依赖俄国和伊朗。这解释了为什么北约国家于 2011 年介入利比亚战事之深，说成不为石油而惺惺作态。突尼斯地理政治位置之重要，令欧美各国感到在该国不容有闪失。因此，他们对突尼斯仍然虎视眈眈。

与埃及的穆斯林兄弟会一样，突尼斯伊斯兰复兴党无意改变既有的经济制度。在本·阿里执政期间，突尼斯于 1995 年成为欧盟准会员国，条件是要在 2008 年之前完全开放市场，消除贸易壁垒。当自由贸易区一旦建立，突尼斯的地位便等同于挪威和冰岛的地位。可是，结果未如人愿，而本·阿里也走了，一个民主新政府正式成立。不过，他们仍然坚信为了挽救经济，必须与欧盟进一步加强关系，并欲与欧洲经济结为一体，而且有计划变身为北非甚至整个非洲的金融中心。[1]

结果，复兴党执政期间表现差强人意。除了经济没有起色，世俗派还忧虑该党逐步推行伊斯兰化政策，社会不时出现示威抗议，骚乱不止，幸好却没有如其他阿拉伯国家的大规模社会动荡或武装暴力现象。唯发生于 2013 年的两宗反对派领袖遭暗杀事件，差点将国家推向分裂边缘，政治危机涌现。

复兴党审时度势，启动全国对话代替武力镇压，各党派亦给予合作，避免硬碰硬的零和游戏，协商重组领导层，成立以技术官僚为主的看守政府，共同化解矛盾，为处于寒冬的“阿拉伯之春”展示希望的曙光。

复兴党上台之初，外界担心这个伊斯兰党会握住权力不放，怎知它却处处显出柔软的身段，适当时愿与不同党派分享权力，从而改变了人们对伊斯兰党不懂民主的看法。

我与当地社会活动家谈起突尼斯民主转型的问题，他们亦庆幸没有变成埃及或利比亚，并表示突尼斯人正努力学习民主精神，尊重民主游戏规则。大家都认为，军方态度和角色是关键。不像埃及，突尼斯军方在革命初起时，已选择政治中立，革命后亦严守不介入政治，让民主体制得以健康建立，和平推进。

2014 年可以说是突尼斯后革命时代的重要一年。首先制宪会议在

[1] 欧洲与后革命突尼斯的新政经关系，从 FRIDE（欧洲关于全球事务的智囊组织）研究报告可略窥一二：Anna Khakee, “Tunisia’s democratization: is Europe rising to the occasion,” no.80, June, 2011.

平等、协商、包容的原则下，克服重重困难，达成各党派的广泛共识，在1月初完成新宪法的制定，为国家确立民主宪制制度，踏出民主历史性的一步，与其他阿拉伯国家形成强烈的对比，外界称突尼斯是阿拉伯地区一个幸运的意外（lucky exception）。

新宪法界定行政权力的分工，多数党党魁成为总理，握有内政实务权，而总统则负责国防和外交；伊斯兰虽是国教，但不是立法的来源，不过却受法律保护，国教不可侵犯，然而，宗教与良心言论仍能得到保障。新宪法亦确保男女享有平等政治权利，女性可自由参选，并有足够代表比例，这可算是开阿拉伯国家的先河，外界期待民主能在突尼斯生根，成为阿拉伯的一个典范。

接着，第一次政党轮替的民主选举正式启动，就在同年的10月国会选举和11月的总统大选，党派权力重新洗牌，复兴党力量不断下滑，共和议会党成大输家，新冒升的世俗派政党召唤党（Nidaa Tounes）取得佳绩，令人对突尼斯伊斯兰化的忧虑，一扫而空。

我对此啧啧称奇：革命成功之初，在突尼斯看见不少人回归宗教热情，争取过去被剥夺的宗教权利，但该国的主调始终是以世俗精神为主。现在，突尼斯重回世俗化正轨，至于能否对宗教人士保持尊重，则成为民主的探测针。

作为阿拉伯民主典范的突尼斯，人民能否拥有幸福，还要看经济的重建。而前朝及复兴党留下的经济难题，却没有因民主的确立而获得解决。自新宪法推出后，从北至南的示威竟无日无之，人民抱怨贫穷加剧、新征税项繁苛、物价上升等等，他们攻击政府机关、政党建筑物，以宣泄愤怒。

我与当地人交谈时，他们告诉我，消极人权如自由平等固然要

突尼斯是二十一世纪北非革命原乡

捍卫，但积极人权如生活权，政府更不应漠视之。他们这番话对正进入民主转型的国家不无启发，埃及的威权统治回巢，多少与经济有关。突尼斯一些贫穷较严重的地方，在此起彼伏的抗议声浪中，竟然听到有人在电视镜头面前高呼："本·阿里，本·阿里，请回来，我们需要你！"穷人开始怀念以前的独裁者来。根据一国际机构(Transparency International and Tunisian market research firm 3C

突尼斯那一抹蓝

Etudes）调查，突尼斯老百姓普遍认为独裁时代生活虽差，但稳定；现在无奈比以前更差，而且治安状况愈益下降，贪污更加严重。他们说，如果面对看不到前景的民主，他们宁愿重返过去。

你方唱罢我登台。如果一个新的突尼斯只是更换了政权，却未彻底改变依附政经的本质，不能做自己的主人，老百姓没有生活的选择，依然受苦，那么，空有民主的外表，自由与尊严何在？而新的突尼斯也不是新的了。

临走前，我争取时间往突尼斯附近一个小镇西迪布（Sidi Bou Said）一看，那里只有湖水蓝色和冰雪白色，一片宁静。最重要的是，有不少突尼斯艺术家和骚人墨客都曾在这个小镇居住。我攀上一个小山丘，山丘峰上有一间小餐厅，墙身是白的，瓦顶是蓝的；桌子是白的、椅子是蓝的，静静面对无际的大海，这里是最好的沉思之地。听闻，这里不乏文学家与哲学家的身影。我坐下来，喝一口阿拉伯茶，心里好像等待什么似的，而思绪随着蓝天白云飘到很远很远……突然，餐厅的蓝色雕花大门打开，啊！布瓦吉吉走了出来，向我说 :“我的名字叫蓝！”

我醒了过来，门，依然紧闭，但刚才幻觉的布瓦吉吉，在我心中留下了一抹蓝，是忧郁？是平静？又或是愉悦？布瓦吉吉，你可安息了吗？还有很多、很多的布瓦吉吉，他们又是否被看见了呢？要来一场变革，从来不是坦途。

“不要担心，给我们多一点时间吧！”突尼斯友人送行时，向我抛下这一句话。

此时，当我一想到突尼斯这颗北非明珠，便不期然又想到她在地中海汪洋里的蓝色调子。

拆掉这堵墙

人类历史是一个大循环，正所谓太阳之下无新事。爱因斯坦曾这样说："过去、现在和将来并无分别，只是幻象而已。"中国古代诗人陆游也有两句诗："三十万年如电掣，不曾记得不曾忘。"香港散文家陈之藩在科学中寻觅诗句，但人类的悲喜剧是否也隐藏着一条科学的定律？

1987 年 6 月 12 日，美国总统里根在柏林墙下高呼："拆掉这堵墙！"（Tear down this wall！）其后，这句话成为名句，人们对此津津乐道，认为有千军万马的力量。而柏林墙也确实终于倒下了，随之而来的是美籍日裔学者福山的"历史终结论"，他认为历史的演进过程已走向终结，终结于西方的"自由"与"民主"的全面胜利，这将是"人类政治的最佳选择"，并即将成为"全人类的制度"。

在此，我不想重复讨论福山理论的正确与否，过去已有太多讨论，而福山本人近年也更正了他的看法，并于2012年发表《历史的未来》[1]。无论如何，当年东欧斯大林模式的社会主义的确已是穷途末路，正如英国《卫报》一篇评论指出，结束一党垄断权力的体制，走向开放，本来是件好事，但别天真以为朝向融合全球市场的开放经济和迅速私有化，便是迈向民主过程的一环。发展中国家被迫硬吞一套新自由主义经济模式，造成严重贫富差距，寡头垄断，老百姓承受苦果。[2] 不独东欧，这已是现今世界一个残酷写照。因此，福山的“历史终结论”自一出版便挨批[3]，后来连他自己也自我批判一番。如是者，“拆掉这堵墙”便可能有另一番意旨了。这与真民主无关，却与资本有关，国际资本看准了这个机会，也抓着了这个机会，但也需借助政治势力以及有关思想的传播和知识的再生产。

自上世纪八十年代初，里根与撒切尔夫人一上台即振臂一呼，共同全力推动自由市场主宰论，这意味着必须扫除任何阻碍资本流通的意识形态、道德伦理、法律规范、环保意识，以至国与国的疆界。如果无法“拆掉这堵墙”，结束冷战，资本便不能全球流动，由西至东，全

---

[1] Francis Fukuyama: “The Future of History: Can Liberal Democracy Survive the Decline of the Middle Class?” *Foreign Affairs*, January/February, 2012；弗朗西斯·福山：《历史的未来》(中文版)，朱新伟译，见 http://www.guancha.cn/Ethics/2012_01_05_63889.shtml。

[2] Patrick Hamm, Lawrence P. King, and David Stuckler, “Mass Privatization, State Capacity, and Economic Growth in Post-Communist Countries,” *American Sociological Review*. Neil Clark, “Eastern Europe’s Neoliberal Disaster Provides a Warning for the Arab Spring,” *Guardian*, 20/05/2012.

[3] 西方学者响应福山：David W. Noble: “Debating the End of History: The Marketplace, Utopia, and the Fragmentation of Intellectual Life,” *Critical American Studies*, October 23, 2012.

面渗透。因此，“拆掉这堵墙”后，跟着有“华盛顿共识”[1]，新自由主义全球化正式展开，并在上世纪八九十年代开始进入黄金时期，甚至冷战时期受阻隔的地区也相继发展紧密的经济关系。英国前首相撒切尔夫人曾兴奋地响应新自由主义全球化说：“这已别无另类选择了！”（There is no alternative!）换言之，新自由主义不仅要扫除阻碍资本流通的障碍，同时也要扫除另类社会的想象空间。

2001年诺贝尔经济学奖得主斯蒂格利茨（Joseph Stiglitz）指出，向全球兜售新自由主义的国际推手，正是总部设在美国的国际货币基金组织（IMF）、世界银行和世界贸易组织（WTO）。斯蒂格利茨还说，IMF在不少地方都反映出其政策主要跟着美国财政部走，财政部则与美国金融界关系千丝万缕，而后者所关注的是私有化所带来的商机，以及他们能否夺得垄断的地位。[2] 换言之，这种私有化不是按整体社会利益的私有化，而是朝向企业利益垄断的私有化，自由贸易亦可作如是观。例如，IMF经常以“结构调整”作为条件，向受援国家提供纾困贷款。

早在上世纪八九十年代，美国财政部要为国内累积的庞大资本寻求投资管道，他们便透过自由贸易谈判，还有迅速发展的信息科技，来打开发展中国家的金融自由化进程，使热钱在这些地区流窜，终于

[1] 1989年拉美国家陷入债务危机，急需解决。美国国际经济研究所邀请国际货币基金组织、世界银行、美洲开发银行和美国财政部的研究人员以及拉美国家代表在华盛顿开了一个研讨会，向拉美国家的国内经济改革提出了10条政策方针，称作华盛顿共识。由于这些政策乃一整套针对拉美国家和东欧转轨国家的新自由主义的政治经济理论，因此，华盛顿共识被视为自新自由主义全球化的基石。

[2] 斯蒂格利茨提出“后华盛顿共识”，见其专文“Moving Towards a Post Washington Consensus,” Bank Information Center, 06/04/2012, http://www.bicusa.org/en/Article.10042.aspx.

导致危机爆发。从八十年代的拉丁美洲，到九十年代的东亚及东南亚，还有现在的欧猪国家，都先后出现触目的货币与债务危机。此时，IMF 便会提出纾困方案，也不外乎提高利率、缩减政府支出、加强私有化等板斧。但这却引发滞胀，造成经济不稳。受援国为求稳定经济，必须向 IMF 提出更多的借贷，结果造成恶债。至于欧猪国家，政府为救助银行进一步加深了主权债务危机。

IMF 的所谓救援，反而把许多国家推入恶性循环的陷阱。想不到的是，这种手段竟然也是一种财富大转移，最后转到华尔街去。从中可见，新自由主义本身的唯市场论这一内在逻辑隐藏了不少问题，当它变成世界唯一一个逻辑，享受着宗教式的地位时，一踏入二十一世纪头十年，问题开始陆续浮现，并在 2008 年如火山般爆发。以前多是发展中国家的问题，如今则由发达国家所引爆。或者，自 2008 年起从美国展开的经济危机，不能与 1929 年的大萧条相比。但两者的爆发原因何其相似，而对一般平民大众的冲击亦不遑多让。当你走在饱受欧债打击的国家，萧条景象正吞噬着人心。

回顾上一次大萧条发生之前，美国经济从第一次世界大战复苏过来，并出现令人艳羡的繁荣，大家都憧憬发财致富，美国采取放任政策，导致投机活动频繁，兼并之风盛行，社会财富越来越集中于少数人手中。这个年代被称为“疯狂的二十年代”。可是，繁荣变成泡沫幻象，背后潜伏着深刻的矛盾和危机。由于财富高度集中，社会大众购买力明显不足，导致美国商品增加和资本输出困难，这进一步引发了生产过剩和资本过剩。此外，金融界所获得的高额利润，并没有投入到再生产过程，而是投向了能获得更高回报的证券市场，终于在 1929 年 10 月发生了令人恐慌的华尔街股市暴跌，波及银行的破产潮此起彼落，也引发失业潮，如洪水来袭，大萧条时代正式拉开序幕。

发生在1929年的情况，对我们而言，应是何等的熟悉啊！在这次危机中，无论是民主体制还是独裁政体，都面对着相同的冲击。高失业、高通胀，已成为全球的杀手。思想家傅立叶早已指出，真正的问题在于世界总资本积累以天文数字增长，远远超出世界总工资和总消费市场的增长。换言之，资本过剩 / 生产过剩才是导致世界性失业问题的核心原因所在。更何况，金融全球化令西方工业国纷纷远离实体经济。可是，作为世界主导者的美国没有对症下药，反而推行一波又一波的量化宽松（quantative easing，QE）。美国借仍能操控汇率和美元本位的优势，印刷美元大钞的机器一开动，货币战争即向前推进一步。有人说美国的量化宽松手段除带出刺激经济的幻象外，还隐含着其他的政治效果，这就是逐步吞噬了别国的美元资产储备。以中国为例，中国在美国前两次量化宽松政策下，美元外汇储备已大幅缩水40%。

美国推出QE2时，香港金融管理局前总裁任志刚曾表示："金融资本应该落实到产业资本实体经济，但现在却非如此，是不正常的。"现实是，世界总金融资本大部分都不能落实到产业资本实体经济上，只能在纯金融资本领域里炒来炒去，把世界引导向金融市场赌场化，而量化宽松正是其中的催化剂，根本不是在解决问题。紧跟着的QE3制造了更多美元热钱，又或过剩投机资本涌到新兴市场，兴风作浪。这种变相的经济殖民，巩固了新兴市场对美国经济的依附，对此拉丁美洲人看穿了，欧洲有人也看穿了，特别是从社会主义迅速过渡至资本主义的东欧诸国。

但欧盟过去至少二十多年来，却跟随美国大玩资本主义金融化。

我可以大胆说，真正的欧债危机制造者，其实来自柏林与布鲁塞尔（欧盟总部）。事实上，在经济层面，自上世纪八十年代以来的全球化即新自由主义全球化，金融化是其中的重要手段。

但，首先，什么叫做新自由主义呢？在此，我想介绍一本书，这是由美国知名学者大卫·哈维（David Harvey）撰写的《新自由主义简史》（*The Brief History of Neoliberalism*）。

新自由主义简史

新自由主义作为一个思想理念，自八十年代开始主导世界，到近年问题涌现，这包括金融海啸、环境危机、社会问题如失业、通胀等，西方对此的讨论如火如荼，但在香港，社运圈有些讨论，我也在我的上一本书《拉丁美洲革命现场》提及过，但没有对这个理念作更深入的讨论。除了少数学者对新自由主义与全球化提出一些论述外，香港的传媒和大学便再没有什么探讨了。而台湾和中国内地，已经有公众或学术论坛就此展开讨论，并回看这一主义对自己本土地方的影响。看来唯独香港阙漏。在思想领域里，香港可以说是与世界脱节了。可怕的是，我们做了共犯却不自知。

贪、嗔、痴，是这次全球经济陷入困境的原罪。我们不是没有教训，正如上述提过的1929年经济大萧条，不也是出于人类贪婪却又毫无管制而闯的祸吗？究竟当年是如何收拾残局的？二战后，主张政府调节市场的凯恩斯（John Maynard Keynes）学派上场。英国经济学家凯恩斯一反自十八世纪亚当·斯密（Adam Smith）以来所主张的小政府和市场放任的经济学主流思想，他倡议政府应积极扮演经济主导的角色，透过财政扩张政策来对抗当时经济萧条的现象。美国的罗斯福新政和欧洲的福利政策，便是凯恩斯主义的产物。可是，政府因财政扩张而提高税率，并且对资本作出了规范，富人的大饼被瓜分了。大卫·哈维指出，八十年代来势汹汹的新自由主义，可说是富有阶层的一个大反击，他们企图把被瓜分了的饼夺回来。世界回到百分之一对百分之九十九，人类再被自己的原罪所惩罚。

还记得2012年伦敦奥运开幕礼中，有一环节展示英国公共医疗服务全民保障（NHS），英国人认为这是英国的骄傲。事实上，即使撒切尔夫人于1979年上台，她借凯恩斯政策失效之际，大刀阔斧推行私有化，连公屋也可出售，但她却无法动公共医疗一根头发，这是因为它已成为英国人一个近乎宗教式的共识：国家有责任不带任何歧视地照顾国民的健康。事实上，社会保障，又或社会福利这个概念，在欧洲有其深厚的传统，也曾掀起激烈的大辩论，就在撒切尔夫人一上台，这场辩论到达高潮。[1]

撒切尔夫人认为，社会福利是政府对市场的一种干预行为，影响到个体在市场的自由发挥，她因此推翻了强调政府经济调控角色的凯恩斯政策，为英国带来一场由大政府到小政府的经济革命，这场经济革命与美国的里根政府携手进行，逐渐成为主导全球经济的意识形态，而他们所挥舞的旗帜就是自由，学术界称之为新自由主义革命。其实，这场革命不新，有人把它看成是大萧条前放任政策的回归，并以全新

[1] 欧洲价值观建基于欧洲传统的社会民主主义价值理念，在强调经济增长的同时，倡导人权、社会保障和公平分配。但是，近二十年来，欧洲福利社会型的资本主义在与美英自由市场资本主义的竞争中处于劣势，欧洲不少国家遂靠向“华盛顿共识”的新自由主义改革。

姿态出现，反击凯恩斯的镶嵌型自由主义。哈维在其《新自由主义简史》中指出，这实在是极端自由主义者的一项乌托邦计划，目的是要重建资本的累积，而且向全球推进；在政治方面，则是要恢复经济精英在凯恩斯政策时代受到削弱的权力。

哈维认为新自由主义无关乎我们所理解的自由，甚至可以是反民主的。但我们经常高喊民主与自由，这两者不是一对连体婴吗？过去大部分人都以为，民主与自由市场有密切关系。因此，当北非闹革命，他们说这是独裁所导致的经济困苦，只要打开民主之门，经济难题便可解决了。但享有民主的欧洲和美国，其所面对的经济危机，又是怎么一回事？

对自由的诠释可以有很多种，这也是哲学家苦苦思量与争辩不休的问题。十九世纪英国文化评论家马修·阿诺德（Matthew Arnold）曾这样说："自由是匹好马，关键看它往何处去。"

在此，大家自然会想到哈耶克（1899—1992）的知名经典著作《通往奴役之路》。哈耶克是一名经济哲学家，所思考的顺理成章是经济哲学家之事。他从政治经济学角度反对中央计划经济，不仅社会主义，即使在欧洲崛起的社会民主主义，又或英国工党的第三条道路，都受到严苛批评。哈耶克认为，如果让政府决定资源和产品的生产及分配，必然会由于缺乏市场机制，无法获取准确讯息而作出错误决定。为了继续营运，必会用强迫性手段，并让人民有个错觉，目标不能有效推行乃是国家权力仍不够，若人民由此支持中央集权，一个国家便逐步迈向极权主义，最后走上奴役之路，经济与个人自由同被埋葬。

其后哈耶克思想被他的徒弟发扬光大，而且成为新自由主义的理论基础，这是有其时代背景的，那就是大萧条前的自由放任政策，在二战后被凯恩斯支持大政府的主张所取代了。自由放任政策的支持者当中也包括一批该政策的既得利益者，他们准备进行大反击，首先当然要做好一个理念装置，新自由主义遂成为他们的思想武器，时候到了便可策马奔驰。[1]

时候终于来到。经过三十年凯恩斯时代的经济荣景，到了七十年代，两次石油危机加深了当时的经济滞涨，由英美带头的新自由主义者，乘势推出他们的经济药方。原本只是一个经济学上的"主义"，这次不仅改变了有关政府在治理上的意识形态，还全面扩展到社会各领域，这包括房屋、医疗、教育、文化，以及社会关系如劳资关系等。一切朝着企业化经营，讲求绩效与效率。工会受到打压，工人力量被大幅度削弱。有趣的是，连英国的工党和美国的民主党也被改造成新自由主义政党。英国前工党首相布莱尔（Tony Blair）和美国前民主党总统克林顿（Bill Clinton）曾共同表示："我们都是新自由主义者！"[2]

---

[1] 大卫·哈维：《新自由主义简史》，王钦译，上海译文出版社，2010 年。

[2] Gerry Hassan and Anthony Barnett，"Britain's neo-liberal state," 29/11/2008. http://www.opendemocracy.net/article/email/britain-s-neo-liberal-state. Gus Lubin, "This City Has By Far The Most Inequality In The Developed World," *Business Insider*, 26/06/2012. http://www.businessinsider.com/inequality-in-hong-kong-2012-6#ixzz2CeIsqX9t; http://www.businessinsider.com/inequality-in-hong-kong-2012-6.

另，*Business Week* 在"Countries with the Biggest Gaps Between Rich and Poor"（16/10/2009）一文，引述联合国发展计划（UNDP）报告，香港贫富悬殊世界第一，http://finance.yahoo.com/news/pf_article_107980.html。

自由与民主

过去港英时代，香港人常挂在嘴边而且带点自豪的是，我们虽然没有民主，但有高度自由。这样看来，民主与自由不一定要并驾齐驱。有人还以为，民主是自由市场的必备条件，又或自由市场可促进民主，但这个神话很快便被刺破。在此，我想起一次访问巴勒斯坦一个犹太殖民区，当地犹太居民谈到自由与平等，他们不反对每个人应该生而平等（在精神、社会、政治上），而且平等享有自由。但如要把巴人与以色列人比较，对不起，前者很难与后者相提并论。

国与国之间，民族与民族之间，甚至人与人之间，上述说法有多普遍？自由不能平等享有，但民主的分配却又需要有自由平等作基础，不然，自由、平等、民主便变得很虚妄，三者无须互相依靠，那么，这便正如十九世纪英国文化评论家马修·阿诺德所说：自由是匹好马，关键看它往何处去。是的，没有一个前提，自由将带领我们到哪个方向？

新自由主义讲的是经济自由，而且是经济精英的经济自由，并且甚有弹性。它可在民主制下崛起，也可以为专制政治服务，在全无民主的环境里自由飞翔，有时甚至带来暴政。因此，在西方还未落实新自由主义政策之前，新自由主义者早在1973年在智利进行实验，支持大独裁者皮诺切特上台，大举推行新自由主义经济改造，首先来个休克治疗，然后全面松绑，国际资本可以自由流动。只有自由流动，资本才能谋取利润最大化，而金融比生产更能为资本以最快速度流动创造最有利条件。加拿大艺术家兼制片人保罗·格里尼翁（Paul Grignon）制作了一系列纪录短片，叫《金钱作为债务》（*Money as Debt*），解释了资本如何在信贷行为中不停流动，同时要消除任何疆界，把非市场领域亦变成市场，来拓展更大的空间。

回看香港，香港其实可说是新自由主义的马前卒。

港台及中国大陆的经验

香港是新自由主义的马前卒，应从何说起呢？

在上世纪英国保守党政府向全球输出新自由主义，受英国管辖的香港，自然成为该主义的实验场和延伸地。更何况中国自1978年进行经济改革，逐步迈向市场化，香港成为西方打进内地庞大市场的绝佳桥梁，同时也占有意识形态传播的地利。在新自由主义政策下，香港向金融方向转型，取消对资本流动的限制，去监管化，维持单一低税制度、私营化和公务员合约制、外包公共服务、削减政府开支、大学教育和文化政策商品化、压制工会等等，当中最令我们难忘的，包括私有化带动贱卖仍有赚钱能力的房委会资产，以及去监管化带来“雷曼迷债”的悲剧。要知道，香港是售卖雷曼迷债最多的地方之一。

新自由主义在香港最能体现自由的反讽。这匹所谓自由之马引领香港走向垄断型经济，财富高度集中，收入愈见不公。香港早已成为全球成熟经济体系中最不公的地方。[1] 回归后这不公现象竟然比殖民时代有增无减，政府架构中较前更肥上瘦下，金融产业的掠夺行为更

[1] Yun Chung Chen and Ngai Pun, “Neoliberalisation and Privatization in Hong Kong After the 1997 Financial Crisis,” *The China Review*, Vol 7, No 2, 2007.
吕大乐：《阶级矛盾憎人富贵厌人穷？》，见《明报》2009年9月5日；马国明：《香港的理念和理论贫乏症》，《信报财经新闻》2008年10月27日。

城市化、土地高度商业化是全球化现象，老百姓争取土地正义

见凶猛，而公共开支服务紧缩，令不少劳苦大众跌进贫穷线。香港的新自由主义政策已到了不能不检讨的地步。[1]

事实上，台湾亦面对相类似的处境，就是政府与财团之间的关系愈益密切。私有化和商品化的浪潮正冲击不同的领域，包括教育、文化与民生等公共领域。[2] 为人诟病的还有有关土地的新自由主义政策。在台湾，政府近年来不断积极以土地换取资本，从乐生、美丽湾到王家事件，而台北杭州南路与金山南路一带的华光社区，亦得要让路给金融资本。该社区被规划为“台北华尔街”金融专区。过于倾斜的土地商品化激发了台湾近年一波又一波的护土行动。大财团支配了土地

[1] 有关香港新自由主义的全面分析，可参考许宝强：《告别犬儒：香港自由主义的危机》，香港牛津大学出版社，2009 年。

[2] 陈师孟等：《解构党国资本主义》，翰芦出版社，1991 年。

开发，房地产商主导了城市发展以及人民生活的形态。[1]

当台湾本地与外地资本透过金融产业利润暴增，劳工的工资却严重落后，其结果必会导致贫富两极化问题，即社会财富分配更加 M 型化。对于大前研一的《M 型社会》理论，台湾社会掀起讨论热潮，这反映了台湾贫富差距的严重情况，有不少学者指出，这都是新自由主义经济政策所造成的结果。

在中国大陆，土地商品化也一样成为经济改革的其中一项主要政策，蜗居变成社会的主要景观。而农民则被迫离开土地，他们涌往城市做最底层的农民工，为国企和外资企业提供最廉价的劳动力。与此同时，公共领域产业化亦是中国经改的特色。从教育、医疗到社会福利保障，都在竞争与效率的名义下迈向市场化。

中国改革总设计师邓小平说，让一部分人先富起来。但经济高速成长后，贫富悬殊严重，这显示了中国经济发展的成果尚不能为所有人平等享用，财富分配不公。正如有不少海内外学者指出，中国正以其特殊的方式，与新自由主义全球化汇合。[2]

中国的境况，不期然令我想到北非。埃及人向独裁政治与新自由主义的结合大喊受够了，并在 2005 年发动一场“受够了”运动，2011 年年初则索性来一场革命。如果说这是一场有关民主的革命，可是，我在解放广场现场所深深体会的可能更是一场关乎经济正义的革命。法国大革命的口号：自由、平等、博爱，却没有民主，这不表示民主不重要，但民主只不过是一种手段，帮助人类达致自由、平等、博爱

---

[1] 陈怡伶、黎德星：《新自由主义化、国家与住宅市场》，《地理学报》第 59 期，台湾大学地理环境资源学系。

[2] 大卫·哈维：《新自由主义简史》，第五章《有“中国特色”的新自由主义》。

的目标，若未能做到这点，反之背道而驰，这样的民主便只沦为劣质民主，未能为人民带来幸福。

哈耶克说，只有自由放任才能避免人类迈向奴役之路。讽刺的是，新自由主义却把我们困在一个鸟笼，剥夺了我们的自由。德国社会学大师韦伯（Max Weber）形容资本主义就是一个铁笼（Iron Cage），人一旦跳进其中便很难跑出来。2011年，台北一家基金会邀请“世界社会论坛”这个另类全球化代表组织的创办人奇柯·惠塔克（Chico Whitaker）来台演讲，他谈到资本主义的逻辑时，便引用了韦伯以上一番话。参加讲座的人不少，有数百位之多，有些更是从外地专程来此，他们热烈讨论。一说到铁笼，大家都有很多话讲。其中一位在医院工作，她表示，工作之初对医疗系统的运作毫无质疑，后来才明白这套系统属新自由主义逻辑，它如何塑造着医护人员与病人的关系，以及病人的利益受到怎样影响。可是，有些人不觉得被囚禁在这个逻辑之中，而且还自我感觉良好。即使老师也服膺这个逻辑，从未想过带领年轻人跳出来稍作思考。

香港的教育不也是只有单一的逻辑？打开中学生的经济学课本，所倡议的就只有一个逻辑、一种模式。我们被困在一个封闭的知识环境里，而且这种知识仅限于英美文化。惠塔克认为柏林墙倒塌是近代历史的分水岭，自此世界被从资本主义变种的新自由主义逻辑掌控着，我们考虑财富积累多于人性尊严，鼓励彼此竞争多于聆听包容，民主即等于多元消费选择，政府为大企业服务，金钱胜于良心价值。是的，世界不应只有一个逻辑，不然就是判了人类社会死刑。香港政府一句放任政策“行之有效”，同时也为香港筑起一个铁笼。

在台北听完惠塔克的演讲，已是晚上十时，大家意犹未尽，围着

金融霸权现象令西方对代议民主有重新思考：人民高呼真民主，踢走假民主

他问东问西。我站在距离很远的地方看着他，八十岁了，仍然精神抖擞，而他过去走过的路绝不简单，但对未来还抱有憧憬，满脑子计划。跟这位老人家聊天，趣味盎然，也感鼓舞。他教会我，人的视野如能超越自己小小的世界，目光远大一点，不只为私人的利益苦苦经营，还可以有能力念及苍生，那么生命便会充满力量，即使走到古稀之年，仍可发光发热。当政府这个合法暴力使用者，打算把一般人可见的生命历程的价值变为不可见时，我们就应该提供更多的想象，让不可见变成可见，重新凸显这些价值。

我们亚洲这边厢需要反思过去的新自由主义政策，欧洲一样有不少人向新自由主义政策叫停。他们指出，要让麻烦制造者来为他们解决问题，这是多么荒谬的事啊！这不禁令人去问，什么叫做自由？其实，再好的思想或学说也会给人断章取义甚至骑劫，企图服务一己利益。正如西方有不少思想家如阿兰·图雷纳（Alain Touraine）指出，商品的自由贸易与资本的不受规管流动，是两种截然不同的东西。[1] 即使是哈耶克，他虽鼓吹自由放任市场，但最后也得强调不是毫无节制，一如亚当·斯密，他亦认为市场中的无形之手需有人道脸谱。只是后来那些极端市场自由主义者偷换概念，为他们的行为寻找合理的注脚。

就好像欧盟吧！原本统合欧洲成一个共同市场这个概念，乃是出于良好的愿望。欧洲过去因民族问题多冲突战乱，二战后想出一个超主权的经济实体，透过自由贸易来把共同的利益捆绑在一起，在一个共同体下，一方面可加强团结，避免战争，另一方面又可有助战后欧洲经济的复苏。只可惜其后欧盟很快便给金权集团骑劫了。事实上，欧盟成立前期早已由一群欧美银行家在操盘。

欧盟：迈向新自由主义之路

有欧洲之父称谓的法国外交官莫奈（Jean Monnet），被视为欧洲统合的设计师。虽然莫奈是法国人，但他曾参与英国罗兹会社（Rhodes Society）旗下的国联工作，协助凝聚英国海外的殖民地，他又曾是美国总统罗斯福的顾问，还与欧美多个大家族有密切的商业关系，其中包括美国的洛克菲勒家族，和德国的博世家族（Bosch）。此外，莫奈与国际银行家西格蒙德·沃伯格关系深厚，沃氏多次向莫奈献计，为

[1] Alain Touraine, *Beyond Neoliberalism*, Polity，2001.

了加快欧洲一体化，可借美国金融力量打通欧洲市场。结果，作为欧盟前身的煤钢联盟终于在华尔街发行债券。原本以贸易整合欧洲，最后却以金融入手，并与美国金融产业不可分割。[1] 因此，如果有人认为，欧洲也是美国霸权的主要贡献力量之一，这也不为过。

拥有美法双重国籍的知名社会科学家兼作家苏珊·乔治（Susan George）表示，欧盟跟着美国的新自由主义走，按金融市场的逻辑运作，并大力巩固IMF的结构调整（新自由主义）政策，不仅强加在东欧各国头上，作为加入欧盟的入门条件，同时也强迫欧猪国家接受IMF的救援方案。[2] 苏珊·乔治说，欧盟有多位高层曾任IMF要职，两个组织关系极密切。他们这次要拯救的乃是新自由主义，而不是深受危机影响的欧盟成员国。她哀叹欧盟愈益不民主，它的实质权力过于集中到高层，里斯本条约（欧盟用以取代《欧盟宪法条约》的改革条约）便是一例，这是欧盟力抗成员国人民的看法，两番硬闯通过的条约。

里斯本条约赋予欧盟的其中一项权力，就是可进一步在成员国之间扩展私有化的领域，打开所有具有经济效益的服务，面向市场竞争，这包括公共服务如教育，医疗，水务等。[3] 在迈向建立一个超越民族国家的大欧洲过程中，建立统一货币欧元是一个里程碑，它可以令欧盟各国的金融市场统一起来，从而促进资本在欧洲的流通度，迫使欧洲税制划一化。

---

[1] Mark Gilbert, "Euopean Integration: A Concise History," Rowman & Littlefield Publishers, 2011.

[2] Susan George, "European Union: Most Anti-democratic and Neoliberal in History," Transnational Institute, 25/08/2010.

[3] 有关欧盟的新自由主义政策发展，可参考 Christoph Hermann, " Neoliberalism in the European Union," *Studies in Political Economy*, http://spe.library.utoronto.ca/index.php/spe/article/view/5196.

不公平贸易下农民怒吼：要求粮食主权

反思全球化

金融产业愈趋霸道，无论是欧洲中央银行，还是私营银行，它们都可以主导规则，鲜少受公众监管，悲剧由此而来。法国前总统戴高乐曾高喊欧洲人掌握欧洲的命运，独立自主。如果他仍在世，看到今日欧洲的乱局，将作何感想？

不受约束的金融化祸延世界。举个例子，自粮食证券化成为一种金融产品后，价格便可受到操弄。近年粮价剧烈波动，这可能只是投机资本在期货市场兴风作浪，在价格的大起大落中谋取暴利，与真实的供求关系无关。此外，粮食供应的垄断亦是所谓“粮荒”的原因。简称 ABCD 的四大跨国粮商，垄断了世界粮食交易量的 80%。可怜老百姓为食品价格上涨所困，完全依靠国际市场的穷国则爆发了饥荒。事实上，一直是美国社会中流砥柱的中产阶层，自金融海啸后急速新贫化，到最后他们可能是为面包来闹革命。回看二十一世纪的革命，从拉丁美洲到北非，不也正是一场从面包开始的革命吗？

过去西方国家主要由左右的中间派主导。但观乎最近的选情，从法国到希腊，左右阵营的中间派已失色，激进左翼与极右抬头。在伊斯兰世界，世俗派亦逐渐失去舞台，伊斯兰主义借势崛起。《M型社会》理论指出，二十一世纪的资本主义社会，虽然随着科技发展为我们创造了多元的物质生活，可是，另一方面愈多中产阶级变得贫穷化。没错，香港和台湾的中产阶级早就怨声载道。

相信饥饿将是二十一世纪的大问题。在金融全球化之下，我们逐渐丧失食物权这一重要人权。而发展中国家面对自由贸易的协议，农业获得的援助早被减少了75%，进一步恶化了饥饿情况。例如，当大家只关注印度在经济上的骄人表现，但想不到，根据国际食品政策研究所2011年全球饥饿指数显示，印度在八十一个国家中排名第六十七位，有两亿人的食物权利得不到保障，是世界上饥饿人数最多的国家。这个国家仍然有大约三点六亿人生活在官方贫困线以下，他们没有能力购买粮食，而每天死于极度饥饿的印度人不断上升，成为光辉经济背后的一个悲惨现实。

全球饥饿人口在2011年已接近九亿，约占世界人口的六分之一。根据世界银行的调查预测，即使到了2015年，情况也不会有所改善，全球将仍有约九亿多人口处于极度贫困的状态之中。过去，从非洲的科特迪瓦到拉美的海地，数十个国家爆发了“饥饿骚乱”或“饥饿暴动”，由此可见一斑。我们或许会问，这是由于粮食产量不足吗？事实上，联合国秘书长潘基文曾激动地公开说：“世界有充足的粮食。但是，今天有十亿多人在忍饥挨饿。这是不可接受的。”讽刺的是，本来吃得比穷国人民多的西方人，现在也吃不饱。国际公民社会再次提出“食物权”，呼吁世界正视，而欧洲人则透过选票向紧缩政策说不！

事实上，西方的公民社会早已发出强烈的反思声音。另一方面，发展中国家亦已逐渐形成自己的一股力量，而菲律宾著名公共知识分子华顿·贝洛（Walden Bello）与印度籍经济学家马尔霍特拉（Kamal Malhotra）更成立了“全球南方焦点”（Focus on the Global South），带动南方的声音，影响深远。他们认为南方第三世界的发展，需要一个关注全球化问题的非政府组织，来监督世界贸易组织以及跨国公司无限制的权力扩张。

贝洛近年致力于解构国际金融危机与全球化现象，而他的“脱企业全球化”建议更引发整个亚洲公共知识界的讨论。贝洛在1997年亚洲金融风暴之前曾对泰国作出警告。他说，1997年前他们早建议泰国走出亚洲四小龙发展模式，但当时亚洲四小龙太受推崇了，被视为亚洲发展典范，大家争相模仿。可是，1997年金融风暴正是从泰国展开，自此泰国经历了多次危机，从经济到政治，现在回想起来，真是百般滋味在心头。从菲律宾到泰国，当中有多少可分享的经验？贝洛又说，过去的全球化实属全球资本扩张的结果，那些新自由主义的国际推手把资本主义推向极致，这反而加深了全球资本主义的危机。

仅从1997年和2008年的金融危机来看，资本主义的问题不断恶化，社会贫富两极化，地域发展愈益不均。因此，“全球南方焦点”提出“脱全球化”，这即是要摆脱由国际资本主导的全球化，尝试推行另类全球化运动，就是要去中心化，提倡多元理念，把新自由主义从神坛拉下来，建立“安全、平等、团结”的全球治理新范式。

访谈录

不确定的欧洲

——专访雅典大学经济学教授瓦鲁法科斯(Yanis Varoufakis)

雅典大学经济学系教授雅尼斯·瓦鲁法科斯现在是位大红人，不论左中右的学生都爱上他的课，认为他是经济学系最佳的教授，而国内外媒体和大学也争相找他发表有关欧债的意见，金融机构更是希望听他一席话。他为什么红透半边天？除了他敢言的作风、强而有力的独到分析与观点外，主要是因他的国家有难，同时他亦是希腊前总理帕潘德里欧的经济顾问。我终于有机会在雅典访问他。访问地点就在他家中。他的家位于雅典最著名的旅游区卫城(Acropolis)，景色宜人。他一见到我，以开玩笑的口吻说，不少记者涌到欧洲探究影响广泛的欧债。大家可能估计不到，世界下一场战争可能不是源起中东，而是从欧洲开始。

问：欧洲深陷经济危机，同时也冲击了政治领域，人民对代议民主政治失去信心，甚至另起炉灶，要搞另一套直接民主。恕我质疑一下经济学家的角色，为什么你们没有给我们一点儿预警，让危机把我

雅典大学经济学教授瓦鲁法科斯

们杀得措手不及？

答：你问得好，这次危机的出现，经济学家确实难辞其咎。举个例子，当地震发生时，地质学家会马上采用科技探测原因、收集数据，然后对外解释。我们或许一样质问地质学家的预警能力，但这始终涉及大自然的力量，只要大家汲取教训，提高探测技术，进一步了解并预防天然灾害的发生，那么，我们便不会太过责备地质学家。这是科学的态度，而地质学也实在是一门科学。可是，经济学则不同，它早已成为一种宗教，又或者有关人等特意把经济学从科学变成宗教，促请大家去膜拜之。看啊！过去二十几年来，世界把自由市场神化，甚至视自由市场为民主必备的条件。要知道，这两者没有必然的关系，不要随便画上等号。我经常对学生说，资本必须受控制，不然，它到头来会与大众利益作对，破坏民主。

问：那经济学家在其中扮演了什么角色？

答：经济学家故弄玄虚，制造一大堆数字和方程式，看似科学，其实企图让公众无法挑战他们，好让他们毫不避讳地为既得利益者服务。

问：希腊人在这方面应该感受良多。当初高盛投资银行不就是为了协助希腊政府加入欧元区，做了一盘假账吗？奇怪的是，那你为什么还要留在经济学这个领域呢？我们为何要去念经济学？

答：我当经济学家的目的，乃是希望揭发经济学的谎言。而我也希望学生念了经济学，便明白谎言是怎样运作的。

问：大家都说，欧债危机，希腊是罪魁祸首，这是事实还是谎言？

答：这次危机，没有希腊，一样会在欧洲出现。这是全球资本主义金融泡沫化的一次结构性问题，造就了银行业界的毒瘤，腐蚀西方国家的经济体系。欧元区由于缺乏坚固的基础，例如目前只有统一的货币，而没有统一的财政管理，各自为政，当全球危机涌现，欧元更为脆弱，一触即发，欧元区应声倒下。

问：不过，希腊也不能推卸自身责任，是吗？外界一直批评希腊的高福利政策，为什么公务员可以四十岁退休？懂得使用电脑和准时上班会有“奖金”？为什么死去的公务员也可以由家人代领退休金？还有希腊人爱逃税，社会贪污盛行，只懂花费享受，不事生产。

答：这里有不少误解和谬论。我们一般公务员的退休年龄为六十五岁，再正常不过，现在则延长至六十七岁。只有军队中的特种部队因体能关系，可以在四十岁至四十五岁之间退休。至于奖金方面，你们要知道希腊工资较其他欧洲国家低，只被视作底薪，如依靠底薪根本不够生活，遂出现“奖金”的制度，作为补偿。但我得承认，贪污在希腊是一大问题。外界指责有希腊人继续领取死去家属的退休金，这不是普遍现象，可能是由于有官员贪污所致的。此外，在希腊，逃税或避税的确在打击国家经济。我可以告诉你，其背后有个历史原因。在奥斯曼土耳其帝国统治期间，希腊人以不向殖民者缴税作为爱国的表现，当中他们发现很多方法去逃税。不纳税的行为慢慢竟变成一种习惯。不过，这只是对有钱人而言，一般打工族较难逃税。说到打工族，有统计显示，他们一周的工作时间比西欧还要多出几小时呢！希腊人怎么会是好吃懒做？！自从加入欧元区后，希腊变成一个进口的消费国家，不应以一句“不事生产”来解释之，这正是由于自由资本市场导致南北发展不平衡，我们应该去深究问题的核心。而上述种种问题，也存在于其他欧洲国家，为什么希腊会成为欧债的罪魁祸首？总之，希腊只是代罪羔羊罢了。

问：有人认为在1997年亚洲金融风暴中，韩国积极推行内部经济改革，迅速清偿对外债务，重新出发，为什么希腊不能？

答：这个比较并不恰当。1997年亚洲金融风暴是地区性危机，而韩国有自主的经济政策，政府甚至可以派军队迫使银行改革。但这次欧债是全球金融危机的主要部分，而希腊作为欧盟成员国，亦缺乏如韩国那般经济主导权。

问：无论如何，欧盟和国际货币基金组织都要求希腊进一步削减赤字，这有助于解决部分危机吗？

答：它们表面上迫使希腊削减赤字改革，其实另有谋算。试想，自2008年金融海啸发生以来，希腊已经受到压力，进行大幅度削减赤字，可是这举动并没有换来稳定，反而使希腊更加动荡，进一步削减赤字会迈向更多的灾难，它们如吸血鬼般把老百姓的血吸干抹尽，不管老百姓死活，其目的就是让希腊的债主能尽快收回所借出去的钱。但这并不表示我不赞成改革，只是目前的改革方向走错了。

问：你与另一位同僚早前曾共同草拟一份叫“审慎的建议”（The Modest Proposal）的纾困方案，并到欧洲议会解释详细内容，他们的反应如何？

答：我们认为，如果欧盟有决心解决欧债，几个小时便可以解决了，就是加强欧元区的经济基础，建立中央金融制度，集中处理各欧元成员国的债务，推出单一的欧元区债券（Euro Bond），一步步纾缓危机。可是欧元区的大国各有盘算，更何况各成员国的银行界都非常抗拒我们此一建议，因为这意味着他们不可再为所欲为。最后，德国可能与北边的欧洲国家结盟，推出另一种货币；法国则向拉丁语系国家寻找盟友，自立新货币。换言之，欧元区极有可能解体，欧洲出现几个结盟圈，每个结盟圈都会出自己的货币单位，在这过程中当然会引发全球的金融大震荡。但政客一般都是短视的，只从一己的利益出发。欧洲在新的一年，有太多不确定性，我个人则较倾向悲观的看法。

【个人档案】

雅尼斯·瓦鲁法科斯（Yanis Varoufakis），雅典大学经济学系教授兼经济政策系主任，知名经济评论家，专长国际政治经济学。二十世八十年代留学英国，并曾在英国和澳大利亚任教。2004—2007 年期间任总理帕潘德里欧的经济顾问。著有不少作品，其中一本被译为中文经济教科书。最新两部作品都是有关 2008 年后全球金融危机的：

The Global Minotaur: America, The True Origins of the Financial Crisis and the Future of the World Economy；*Modern Political Economics: Making Sense of the Post-2008 World.*

直接民主是一种生活方式

——专访希腊“直接民主运动”倡议者马高拉斯(Charalampos Magoulas)

过去一直以来我们只听到欧盟高层的意见，对于当地老百姓则停留在刻板的印象，鲜有得知民间意见的一番体会。就在雅典国会前的宪法广场，民众企图发出他们的声音，其中的“直接民主运动”成员高呼人民自救，以直接民主来挑战无能贪腐的代议政府。外界讥讽直接民主是现代社会的天方夜谭。就此，笔者在雅典走访了“直接民主运动”倡议者之一哈拉兰博斯·马高拉斯，他是雅典全国公共卫生学院社会学系教授。

问：马高拉斯教授，当外界一谈起希腊“直接民主运动”，便会联想到无政府主义，而我来雅典之前也有这个印象。两者有关系吗?

答：外界有点混淆了。无政府主义是一种政治意识形态，主张彻底消灭所有政府架构。至于我们这次的直接民主运动，乃是希望在民主制度里，开拓更多人民可以直接参与制定有关民生政策的途径，以及寻求决定国家命运的直接手段。既然政治是众人之事，那么，每一位公民都有他的权利和义务参与管理公共事务。举个例子，当2007

希腊直接民主推手马高拉斯

年欧债危机突然爆发，矛头更直指希腊，我们一片茫然，随后政府丑闻不断涌现，过去国家经济账目弄虚作假，最近又有社会党国防部部长因洗黑钱而被送上法庭等等。我们不禁要问，希腊的代议政治究竟发生了什么问题？

问：来希腊前，我到过西班牙。当地有一个“现在真民主运动”（Real Democracy Now Movement）。该运动成员告诉我，他们首先受葡萄牙抗议运动所启发。阿拉伯之春发生后不久，债务危机再度让葡萄牙加大削减赤字力度，葡萄牙人走上街头，那是2011年3月的事。当时，他们问：西班牙人，你们为什么沉默？西班牙人因此在5月发起占领行动，他们问：希腊人，你们在睡觉吗？就是这样。

答：哈哈，就是这样。我们遂走到国会的宪法广场聚集，6月的太阳高高悬挂着，大家对政府十分愤怒。聚集人群中有不少是工人阶级，他们抗议政府把邮政服务私有化，并欲卖给德国公司，到时估计有超过一半工人被裁员，工人生活雪上加霜。我和一大批朋友也站在广场上，嗅到人群的汗水与泪水交织的味道，内心满是难过。眼前另有一大批年轻人，他们对国会准备在6月15日投票通过二十五岁以下青年的薪水上限在五百欧元表示抗议，这薪水只够应付一个月住房租金，差不多接近贫穷线。他们感到无助，不断挥舞着拳头咆吼。此时，有人举着一大幅布条，布条上写着：向冷漠说不——直接民主（amesi demokratia）。我和友人们都很振奋。我高呼：就在宪法广场来一场直接民主运动吧！大家雀跃，争相发言，不需领袖，也没有组织架构，人人必须自觉一己的责任，共同推动这场觉醒行动。

问：即使没有领袖，也得要讲行动策略？

答：我们这群读书人有向运动提供理论基础与策略方向。不过，开会时，各参与者都是平等的，自由商讨，直至找到大家可接受的结论。

问：你们如何在实际行动中发挥直接民主的作用？

答："直接民主运动"已经蔓延全国。现在，大部分省市里的大小社区，已有居民自组"人民议会"，提高社区的政治意识和鼓励个人积极参与实务。回想当初危机转坏时，愈来愈多人失业和失去家园，我们尝试协助他们，但又不想他们只懂依赖别人，便说：最终能帮你们的是你们自己，如果你们不主动做些事情，危机将吞噬每一个人。之后，他们加入运动队伍，在激烈的讨论下，大家认为，古希腊雅典城邦制中的直接民主，搬到现代社会固然有很多困难，但我们可以此作为一种理想模式，即使不能实践，也可学习当中的精神，就是热情论政、参政。这不是什么政治意识形态，而只是一种生活方式。当然，这是个开始，还有很多不成熟的地方。无论如何，我们不能坐以待毙，必须对危机有所回应。

问：我在西班牙时，也看到当地人企图推动“人民议会”这个概念……

答：对，不仅在西班牙，还有葡萄牙、意大利和其他地方，美国也有。我们大家都有联系，分享运动得失，并已建立一个团结网络。还记得（2011年）2月美国麦迪逊—威斯康星（Madison-Wisconsin）的工人大示威吗？他们抗议州政府计划取消公营机构工人集体谈判的权利，并指控州长是个大独裁者。他们的反击策略和行动对我们有启发作用。当国会一意孤行、不理会民意时，我们就会做出直接的反击，夺回公民权。

问：例如？

答：就像之前我告诉你的，国会打算投票通过二十五岁以下青年的薪资上限在五百欧元的议案。投票当天，我们便组成多批队伍，阻止国会议员进入议会，迫使他们放弃这个议案。在此，我想你知道，希腊国会一直是个脆弱的民意机构。如果你了解我们的历史，便会明白，在1967—1974年间，希腊受到法西斯独裁军政府统治，这对国会内部设计和运作不无影响。数年前，我带学生参观国会才有所察觉，国会没有设立公众席，环境局促并有压迫之感，重门深锁，一切关门进行，一点也不透明。

问：那你们对此有什么改革的方案？

答：要知道，我们这场运动没有领导层，但每个人都主动提出建议。一群教师、律师、知识分子和一些前官员，提出宪法改革，要求增设公民国会（a parliament of the citizens），成员尽量没有党派背景，由全民选出，每年聚会一次，检讨政客每年表现和政策的有效性。若政客表现与竞选承诺有太大的落差，他们会受到弹劾并随时被轰下台，若贪污更是会即时送审。这个公民国会其实是个古老的组织，由亚里士多德倡议，可见于他的著作《雅典政制》（*Constitution of Athens*）。

问：这真有趣，古希腊大师的民主理论如今又大派用场了，是吗？

答：民主实践在希腊开始，我们绝不希望民主最后死在希腊。

问：不过，你们所实行的算是局部的直接民主，例如公投、人民议会、公民国会等，而不是全面的直接民主，这更像拉丁美洲有些革命国家的参与式民主（participatory democracy），主要是扩大公民直接参与政务的空间与权利。

答：事实上，近年世界很多国家也正在进行局部直接民主的实验，而瑞士是最多使用直接参与式民主作为决策工具的国家。举个例子，让公民透过直接民主手段参与预算案愈来愈普遍。

问：你们主张一种渐进改革方式？

答：不，大家认为一场革命正在酝酿中，首先从个人做起。危机使我们觉醒，做出改变。我们希望世人从我们身上领会到一些东西，而不是冷嘲热讽。

【个人档案】

哈拉兰博斯·马高拉斯（Charalampos Magoulas），雅典全国公共卫生学院社会学系教授、希腊“直接民主运动”倡议者，专研亚里士多德与民主理论。著有《亚里士多德美学与市场经济》，引起广泛讨论。

文学中的希债

——希腊犯罪小说家佩特罗斯·马卡里斯(Petros Markaris)如是说

希腊债务危机没完没了,当地有位非常知名的犯罪小说家佩特罗斯·马卡里斯,他同时也是希腊已故大导演安哲罗普洛斯的编剧。他以犯罪入手,去解构希腊社会以及当下的债务危机。他绝对是一位以文学介入社会的重要作家,更何况他在欧洲大名鼎鼎。有趣的是,他现已成为希腊在危机下一个最具代表性的声音、最有影响力的社会评论家。笔者在他的新书发表会上专访了他。

问:马卡里斯先生,你的作品虽被翻译成多国语言,但很遗憾至今仍未有中文版。我们中文读者只能透过你作为安哲罗普洛斯电影的编剧来认识你。你的电影剧本给人留下深刻印象,不过你却是以罪恶小说见称,特别是针对希腊的经济危机和政治犯罪而写成的作品,风行于欧洲。我首先想问,罪恶,为什么这样吸引你?

答:写希腊,最适合的切入点便是罪恶,因为整个社会俨如一个

希腊犯罪小说家马卡里斯

犯罪集团。事实上，自债务危机发生后，希腊犯罪率大幅上升。我感到，当我书写希腊的罪恶时，又可同时为希腊这个时代把脉，借故事人物，大发议论。

问：你的作品，既是小说，也是社会评论？

答：有人这样看，这是文学介入社会的一种方式。事实上，文学比社会评论的发挥空间更大。

问：你的新作“希腊三部曲”已完成了两部，而这两部看似虚构其实是针对时弊，读者大可对号入座，发出会心微笑，却又引发无言的悲愤。这都是有关希腊债务危机的故事？

答：对，我希望能分阶段反映希腊危机的真实发展、成因与后果，以及对希腊各阶层的冲击。

问：我们中文读者只能透过中、英文媒体来了解希腊，很期待阅读你的著作。你最新完成的“希腊三部曲”第二部英文名称叫 *Settlement*，有何意思？我听希腊友人说，你在书的封面上，刻意加上警告字句：切勿模仿小说！为什么？

答：第二部的希腊文是 *Pairaiosi*，在古希腊时代意指人生的尽头，又或为生命结账。在现代的语境，我想表达一种增加税收的寻觅，但政府往往为朋党进行税务大赦，老百姓对此早就心存不满。因此，书一开始，由一位叫 Costas Haritos 的调查员做引述，他要调查一宗离奇的屠杀案，杀手自称全国税收员，他要通过把大批善于逃税的富人杀个片甲不留、陈尸街头这一情景，来引发大家思考。这不是一个幻想，他在小说中真的杀了。面对这位杀手，还有血淋淋的尸体，调查员包括不少读者，竟然暗地里大呼过瘾，心底还不禁泛起一点点同情来。我不得不在书的封面上加上“切勿模仿”这一警告字句。当然，我只是玩弄一下黑色幽默而已。

问：听起来真的很吸引人，宛如惊悚侦探故事。我知道这位叫 Costas Haritos 的调查员，在第一部《过期信贷》(*Expiring Loan*) 中已经出现了。在读者眼中，他是英雄；对你而言，他是一位好伙伴，一直与你一起查察希腊的光怪陆离。近年希腊的债务危机成为国际市场的众矢之的，不少评论指责这是希腊人逃税太普遍所惹的祸。你也这样认为吗？你怎么看待逃税？

答：债务危机的成因有很多，但我必须说，逃税现象在希腊的严重性已到了临界点。即使如书中的全国税收员把全国逃税者杀光，剩下来的只有可怜的受薪者、失业人士和家庭主妇。这说明什么？能逃的都逃。之前我指希腊社会俨如一个犯罪集团，正在于此。

问：可否举一些例子？

答：我们有一个笑话，如果你去看医生，医生在解开你的上衣检查之前，会先打开你的皮包检视一番。若你不拿收据，医药费是八十欧元；要拿收据的话，医药费就会上升至一百一十欧元。在希腊，自雇的专业人士如医生、律师等大部分都逃税。他们住豪宅、开名车，但所呈报的收入，却仅在税网边缘。税务局不会去追究，因为他们都贪污。事实上，希腊整个政治制度就是个朋党制度，利益集团互相勾结，这种情况在过去三十年尤其严重。

问：过去三十年发生了什么？

答：一个问题体制非一天出现，它是日积月累下来的。这可追溯至五十年代希腊内战后，那些胜利的右翼民族主义者为了报答效忠的战友，让他们成为新政府的主力军，从上到下的政府职位都由他们担任，这甚至扩展至公营机构，逐渐形成一个朋党。不过，左翼的泛社会主义运动党（PASOK）也好不到哪里去。他们在 1981 年第一次上台，当时希腊刚加入欧洲共同体，获补贴好处。PASOK 指希腊过去多年由右翼阵营主政，与自由力量为敌，因此他们必须大换血才能有效执政，结果整个国家机器都安插了其党员，实际与右翼没有分别，一样是朋党互相包庇、私相授受、虚耗国库，并极力用借贷去掩饰。特别在过去三十年，希腊的两党制愈牢固，两党愈不分彼此，追逐利益。而赞助他们的朋党，包括各领域精英如专业人士、商界、传统工会、媒体高层等，都可为子女在政府或公营机构分得重要职位，这解释了公务员架构为何不断膨胀，而那些朋党甚至默许逃税。试问，这么大规模的逃税，没有与税务局的勾结，可能吗？还有，专向公营机构提供物品的企业，他们多少与政党都有裙带关系，例如公立医院所订购的仪器和药物，后来被发现价钱和数量都报多了。最令人气愤的是 2004 年在雅典举行的奥运会，与执政党有特别关系的建筑公司都获得十分慷慨的合约。就是这些朋党集团使得国家深陷债务危机，向外界摇尾乞怜。

问：这与过去三十年金融全球化与去监管化也有关系吗？大家得以玩弄信贷的杠杆游戏。

答：当然有关。《过期信贷》一书中的受害者，便与银行、对冲基金和评级机构有关。

问：欧元集团和 IMF 要求希腊进行严厉的紧缩政策，以换取援助，你对此有什么意见？

答：他们要紧缩之余还要求结构改革，但这改革与政治体制无关。一天不打破朋党制，既有的问题就不能解决，反之，紧缩政策拖垮经济之余，老百姓是最大受害者，并会激发他们的极端情绪。看呀，月前的大选，极右的金色黎明党竟然可以获得多个国会席次。这反映了什么？人民绝望，他们不是倾向自毁，便是排斥外来移民。那些非洲人、东欧人、阿尔巴尼亚人等，全成为袭击对象。

问：你的新书中，也有这样一个情景，几位老人家因养老金被大幅削减，无法有尊严地生活下去，而相继自杀，这已成为现今希腊的残酷写照吗?

答：我正是想呈现老百姓在危机中的的生活变化，现实可能比小说更残酷。根据官方统计数字，自杀人数上升了22%，我认为是低估了，因东正教家庭较保守，有家人自杀对他们而言是耻辱，他们会尽量掩饰。但另一方面，人民无法有尊严地生活也是国家的耻辱。我所居住的市中心地区属中产地区，邻居过去一直都注重门面。可是，最近每天清晨起来，往窗外望，总会看到有人偷偷在垃圾箱找呀找。他们不是流浪汉，看来就住在我左右。不过，这还不及年轻人所受的冲击，他们完全没有前景。我们的前总统康斯坦丁·卡拉曼利斯(Konstantinos Karamanlis)曾说，希腊是个永无尽头的疯人院。

问：你已开始撰写系列小说的第三部了?

答：快了，我还在观察最新发展。

【个人档案】

佩特罗斯·马卡里斯(Petros Markaris)，1937年生于伊斯坦布尔。父亲是亚美尼亚人，母亲是希腊人。他在六十年代定居雅典，当时他被视为没有身份的亚美尼亚少数族裔。1974年军人独裁结束后不久，他才正式获希腊公民资格。年少时在伊斯坦布尔上学，大学时前往维也纳进修经济。后来沉醉于戏剧，曾把德国文学巨著《浮士德》译成希腊文，又为希腊已故电影大师安哲罗普洛斯撰写多部知名电影剧本。不过，他的犯罪小说系列令他在欧洲声名大噪，获多个大奖。

西班牙爷爷的微笑与哀叹

——与西班牙知名作家兼经济学家

何赛·桑贝德罗（Jose Luis Sampedro）的对谈

在西班牙，一谈起当地知名作家兼经济学家何赛·桑贝德罗，大家都会肃然起敬，无论你是左派还是右派。桑贝德罗1917年生于巴塞罗那，仅看他的年岁，已足以让我们在他面前战战兢兢，再加上他的传奇经历和对时政的独到见解，西班牙人对他的尊敬与爱戴，犹如对卡洛斯国王。

桑贝德罗的家就位于马德里市中心一个中产地区，周遭都是白色典雅的老房子。当老人家的太太一打开他们家大门，长长的走廊两边挂了好几张大海报，都是桑贝德罗著作的封面图画，其中一张画中有诗，一位老人侧面的全身剪影，背后是朦胧的乡村景象，下面有一行西班牙字：La Sonrisa Etrusca。这正是桑贝德罗的一本最畅销小说，中国大陆和台湾都有中文翻译版，中文版书名叫《爷爷的微笑》。该小说甫一出版，即成为西班牙畅销书，至今狂销了一百万册。爷爷的故事其实也是一页欧洲史，而桑贝德罗本人一样是部活历史。

西班牙经济学家桑贝德罗

走过西班牙接近一个世纪的沧海桑田，他是怎样理解西班牙当前的政经乱局的？

问：很高兴能在马德里亲访你，让我有机会和一位如此亲切的爷爷面对面交谈。事实上，西班牙年轻人都视你为他们的爷爷了。你稍早前亲自走到太阳广场，表达对年轻人反金融霸权的占领行动，全力支持。你以九十五岁高龄，仍然为年轻人站台，令不少人感动。你如何看待西班牙年轻一代？

答：我支持年轻人，不是因为他们年轻，而是他们在广场上的诉求和梦想，我早在上世纪四十年代就已开始追求。我一直在呼喊人道主义，如果经济发展缺乏人本精神，那注定要面对失败的命运。

问：我知道你写过一本书叫《人道经济学》（*Economia Humanista*），可惜没有中文版。中文读者对你的认识可能只停留在你作为小说家的层面，但其实你过去的专业是经济，除了在大学教授经济学外，也在西班牙对外银行服务。听闻你研习经济学，与你早年加入军旅有关？

答：没错。1936 年，当时西班牙正值内战，我受到共和军征召，投身军旅，也因此有机会到马德里研读经济，奠立了日后工作的基础。

问：西班牙内战是西班牙人的历史伤痛，而大独裁者佛朗哥在内战中胜出，其后建立极右独裁政权，统治西班牙长达四十年之久。你曾经历这段历史，当中有什么教训？可借古喻今吗？

答：这可谓是一个血的教训。在历史上，任何革命都会遭到既得利益者的反弹，甚至是可以很血腥的。西班牙从帝制进入共和，社会里左右翼势力的对抗非常严重，这与当时国际局势很有关系。军人出身的佛朗哥受到德国纳粹和意大利法西斯支持，要摧毁西班牙刚生长出来的民主幼苗，还有本来在冒升中的左翼阵营。佛朗哥的极端手段造成社会很大的裂痕，人变成工具，没有价值可言。其实任何极端自利的行为都很容易让人性下滑，祸延苍生。当时年轻的我，在恐怖统治下，体会到只有人道主义才可拯救我们。不幸的是，自上世纪八十年代以来，一直至今，我们又受到另一种极端思想影响，叫做新自由主义，它甚至夺取了国际话语权，并全面渗透到我们生活的各领域。我认为，这是保守力量以全新面貌回潮。近年，西班牙开始有人呼吁重新评价佛朗哥，而纪念佛朗哥的政治活动也日渐增加，这实在叫人忧虑。

问：有人告诉我，现在执政的人民党，有不少人是前佛朗哥政权转型过来的……

答：对，他们是新自由主义的代理人。当你走在马德里的街道上，可以留意一下，好些建筑物仍残留着佛朗哥时代的标志。佛朗哥犹如阴魂隐藏在我们之间。

问：你认为新自由主义是造成西班牙目前乱局的罪魁祸首吗?

答：如果我们细心分析，便会了解到，新自由主义其实就是新保守主义，它不仅与自由无关，甚至是反民主的，一种政治精英与大企业的合谋，把少数人的利益置于多数人的福祉之上。可是，他们却把新自由主义当成是人类的唯一出路，变成宗教，把一种意识形态推向极端，造就今天危险的局面。而西班牙的资本主义与民主制度走到今天，已经因贪腐导致百病丛生，随时都可能倒下，不能不做出改变了。在太阳广场，我看到一线曙光。

问：可是，另一方面，有人指责在太阳广场的那些年轻人是嬉皮、是疯子。

答：他们是疯子吗? 不! 他们受骗了。事实上，在太阳广场上大声说不的，不仅是年轻人，也有来自各阶层、各年龄段的受害人，他们过去都被蒙骗了! 过去，西班牙的经济精英控制媒体、塑造舆论，但这不是大众的意见，只是媒体的意见，而媒体的意见就是经济精英的意见。可悲的是，人们被洗脑，失去了独立思考与批判能力，他们只是依媒体的资讯与言论来做判断与决定。除了媒体，还有教育机构，教育机构也是制造新自由主义共识的帮凶。换言之，统治阶层与经济精英是最佳拍档，没有他们的合作，新自由主义便不会如脱缰之马，资本也不会如此横行无忌，并透过金融全球化而谋取利润最大化，我们则成为他们的奴隶。

问：最近一次大选你去投票了吗？人民党竟然在这次债务危机的阴霾中，获得自 1975 年佛朗哥政权结束后的一次最大胜利，原因何在？太阳广场的希望之光是否会因此熄灭？

答：我去投过票，但我认为目前的两党制必须有所改变，这制度是现今西班牙所面对的政经问题的一部分。两党制过去使政党腐败，人民党与社会党同样是烂苹果，人们没有选择，如果能出现其他可以夺取强势的政党，我相信西班牙的政治生态会有所改变。正如我之前所说，商业媒体操控了人民的脑袋，他们利用危机来恫吓选民，而代表企业利益的人民党，则被塑造成“救星”。但制度已经在崩溃了，受危机打击至深的年轻人醒觉到只有重建人的价值，并透过团结、共享、合作，人类社会才有出路。从他们开始，我相信改变即将降临。

问：这一如在你的《爷爷的微笑》一书中，顽固的爷爷终于在小孙儿身上领悟到爱的力量，虽走到人生的尽头，仍然可以用爱进行个人的革命。这当中就是你追求更人性社会的梦想？

答：哈哈！我孙儿的诞生，给了我这部小说的灵感。除经济学外，我尝试从人类情感的角度去体悟人与社会的关系。

问：你的人道精神源自你个人的多元背景和经历，并同时推动你成为小说家？

桑贝德罗和他的诗人太太与本书作者（左一）合影

答：可能吧！我希望对人生有更深层次的探讨。在此，我也多谢我的诗人太太，她是我最好的精神伴侣。

【个人档案】

何赛·桑贝德罗（Jose Luis Sampedro），1917年出生于西班牙巴塞罗那，家庭背景相当多元，他的父亲生于古巴哈瓦那，母亲生于阿尔及利亚，祖父与祖母则分别生于菲律宾与意大利。桑贝德罗出生后不久，全家便迁居至非洲丹吉尔，直到他十三岁时才回国。上世纪五十至八十年代，他除了在大学教授经济学外，也在西班牙对外银行服务。他的现任太太，就是比他年轻三十岁的西班牙知名女诗人奥尔加·卢卡斯（Olga Lucas Torre）。

埃及穆斯林兄弟会的顺势与逆流

——访问贝勒塔吉（Mohamed El-Beltagy）医生

我访问贝勒塔吉医生的时候，正是埃及总统大选的前夕，一位英国记者引介我认识这位穆斯林兄弟会领导人兼国会议员，他同时是自由正义党的秘书长。埃及社运圈对他的开明作风有不错的评价。这个访问一直积压在我的录音机与笔记本里，直至 2013 年 7 月 3 日总统穆尔西被军方挟民意罢免后，军方向兄弟会展开一连串的镇压行动，贝勒塔吉医生亦遭拘捕，而他的十七岁女儿也在一次示威中被军方击毙。我想到与他这个访问，在他的办公室，他穿着西装，一见面即亲切与我握手……

问：你刚才与我握手，那一刻我反而有点犹疑。记得十年前访问穆斯林兄弟会时任精神领袖阿荷迪比（Hassan el Hodeibi），他还吩咐我，男女不可握手。

答：你都说是十年前了，况且阿荷迪比是位老先生。每个社会，都有人会比较保守，有人会比较入世；也有人思想会较激烈，有人则

穆斯林兄弟会贝勒塔吉

很温和。穆斯林兄弟会是个庞大组织，会员众多，我们虽拥有共同信仰，但大家不是铁板一块，个人行事作风自然有分别。

问：听闻革命初期，兄弟会内部亦有不少分歧。年轻成员一开始即加入革命行列，年长一辈却要静观其变，究竟当时领导层的态度，是否与组织过去的历史有关，你们恐妨押错注?

答：其实我们从一开始就一直关注，只是我们不希望扮演推动的角色，而是跟着运动一起走；没有想过站在领导的位置，而是成为这场运动的一部分。就好像川流，顺势而下，汇入大河川。

问：但革命后兄弟会却从低调转高调，之前说不参政，之后为什么又成立“自由正义党”？

答：我刚说过，顺势而为。埃及革命后打开民主之路，政治山头林立。我们在想，既然革命期间大家可以抛开歧见，站在解放广场团结一致，为民主埃及奋斗，那么为什么在革命后，不可以有一个包容不同信仰的政党？“自由正义党”是向不同背景人士开放的，它不是一个穆斯林兄弟会的政党，兄弟会只是个发动者。不过，世俗派人士没有回应我们的友谊之手，不愿加入。

问：可是，“自由正义党”的资金来自兄弟会，从领导层到基层也是兄弟会的人。人们会这样想，兄弟会透过这个党走到政治最前线，加上比兄弟会更保守的萨拉菲这个伊斯兰原教旨派别，他们在政治上突然冒升，并与兄弟会走得很近，两个组织在选举中共同成为大赢家，有主导国会之嫌。人们忧虑政治伊斯兰的抬头。

答：我们明白，政治伊斯兰（political islam）是个敏感词，特别是西方，他们对伊斯兰主义者步步为营，兄弟会绝对没有走到最前线的意思。你知道吗，伊斯兰主义者之间有一句流行的话：美国否决权（American veto）。例如阿尔及利亚 1991 年的大选，当伊斯兰主义者夺取大部分选票之际，世俗政府立刻取消第一轮选举，受西方支持的军方迅速夺权，国家陷入内战。说到底，由美国领导的西方不愿看见伊斯兰主义者当权，他们会不惜一切阻止此事发生，因而造成悲剧。

问：事实上，伊斯兰主义者也的确在争权。萨拉菲派正摩拳擦掌……

答：萨拉菲派从没有参政经验，不懂参政。外界对伊斯兰主义组织一刀切，亦不懂如何分辨各组织之间的异同。他们总以为穆斯林兄弟会与萨拉菲派是一样的，会联合起来对抗世俗派，其实不然，我一直强调兄弟会主张包容，我们过去的社会福利服务对象，也包括非兄弟会成员。至于争权，兄弟会可没有这方面的野心。如果你知道二战后埃及的历史，兄弟会本就不容于世俗军人政权，我们遭到各种各样的打压。外界指兄弟会是最大的反对派，穆巴拉克乐见其成，他进一步把兄弟会定性为“恐怖组织”，最大的反对派竟是个“恐怖组织”，那么他便可要求西方给予更多反恐援助，支持他的政权。

问：不过，兄弟会动员能力颇强，2005 年的国会选举在打压下也可以爆发惊人的参选能量，你也是在那一年当选的国会议员。

答：兄弟会在革命前仍是个非法组织，不许参与任何政治活动，我们只能以个人身份参政，而且如履薄冰。外界对我们太高估了，我们只寻求民意的代表（representation），没有企图要控制埃及。事实上，不仅在埃及，多个阿拉伯地方如巴勒斯坦、约旦、摩洛哥、科威特、也门、巴林等，当地的伊斯兰主义组织都有个共识，故意不去获取超过 40% 的议会议席……

问：故意为胜算设限？

答：对，为胜算设限。即使 2006 年哈马斯在巴勒斯坦大选中胜出，也没有赢取大多数选票。

问：问题是，兄弟会早前虽表示，为国会选举定出上限，不会超过15%，结果却赢得47%的选票，还为总统大选积极部署，外界和埃及世俗派感到兄弟会食言，而且野心勃勃。你对此怎样解释？

答：我只能说，我对47%的得票数也感意外。就好像哈马斯能胜出，主要原因是法塔赫渐失民心，竞选策略差劲。外界说伊斯兰主义组织动员能力强，不如说世俗派政党本身存在问题。用同样道理回看埃及的国会选举，世俗派惨败，我认为最大因素是他们未能团结，但他们不但不反省，反过头来在没有证据下指责“自由正义党”贿选。世俗派应该汲取失败教训，加强实力，用民主手段击败我们。要知道，我们也是过去独裁政权下贿选的受害者。你刚才提到2005年的国会选举，当年穆巴拉克政府恐怕兄弟会赢取高票数，慌忙以暴力手段打压，阻吓支持兄弟会的选民走进投票站，上演了一幕被西方视为丑陋的选举。但兄弟会仍大获胜利，取得20%的国会议席。

问：这20%国会议席乃是兄弟会有所克制下的结果？

答：没错，不然会取得更多议席。当然，这与穆巴拉克贿选亦有很大关系。当时我和其他战友曾提出抗议甚至杯葛。在过去的警察国家状态，政党之间无法获得公平竞争。其实，兄弟会过去一直面对打压，这种经历已令兄弟会变得小心翼翼、务实，它绝对不是个狂热组织，亦不希望在民主埃及继续受到打压、排斥。

问：可惜的是，第一轮革命过后不久，已有兄弟会成员向科普特（copti）基督徒袭击，焚烧基督教教堂。人们担心兄弟会利用自身的动员优势和雄厚资源，逐渐坐大，排斥异己，特别是针对不同信仰的人，并企图令埃及伊斯兰化。你对此有什么看法？

答：这是个别兄弟会成员与科普特基督徒之间的恩怨情仇，这绝不是兄弟会和“自由正义党”的政策，兄弟会已谴责这种行为。兄弟会最高领袖巴迪医生（Mohamed Badie）亦立刻表示，国家利益大于宗教利益，对不同政党和信仰人士，兄弟会都视之为合作伙伴而不是敌人，并主张各方利益应反映到新宪法中去。

问：不过，兄弟会死守宪法第二条，即埃及法律一切以伊斯兰为依归。有人质疑，伊斯兰主义组织会是现代民主的障碍？

答：这与西方民主国家的法律精神源于基督教教义一样。我认为，伊斯兰精神也合乎民主精神。我们只是提出一个“伊斯兰框架”（Islamic framework），作为国家社会道德行为的指引。这个框架绝不会是由上而下地强制推行，而是经过大家讨论、投票决定。我们表达自己的看法和意愿，其他人也可自由发表他们的观点，你甚至可以高呼你不信真神，不会有人因此来捉你。埃及不是个政教合一的神权国家，她是个伊斯兰国家，但不是神权国家，外界不要混淆。埃及是个公民国家（civic state），行政、立法、司法各自独立。在伊斯兰精神下，公民的意愿是政府权力的来源，必须受到尊重。可惜的是，革命后政治组织之间互相倾轧，务要把政敌抹黑、置于死地，令新生的民主埃及倒退至过去的独裁状态。究竟谁才是现代民主的障碍？

【个人档案】

贝勒塔吉（Mohamed El-Beltagy）：生于埃及，毕业于开罗大学医学系，是一位心脏专科医生。少年时期已加入穆斯林兄弟会，后被提升至领导层第三把交椅，2005 年以高票成为国会议员，至 2010 年卸任，后又参与 2011 年革命后第一届民主国会选举，大热胜出，他同时又是自由正义党的秘书长。

要政治自由也要经济公义

——访埃及知名革命诗人阿迪尔·尤素福（Abdul Rahman Yousif）

在埃及，一提起阿迪尔·尤素福，一位四十岁出头的诗人，人们很自然想到他具有特色的诗，其特色之处在于难以言传的感染力，当中对一个平等、公义社会的呼唤，引发不少读者的共鸣，遂赢得了“革命诗人”的称号。

早在 2009 年，即埃及革命爆发之前一年多，尤素福已同国际原子能组织前总干事巴拉迪（M. El Baradei）等人一道推动埃及民主，他亦曾是“受够了”运动（Kefaya Movement）的成员，2011 年 1 月 25 日解放广场运动的发起人之一。

问：你在埃及民主化运动中颇为活跃，你亦曾是巴拉迪的经理人、亲密伙伴，你可否说一下你与他的关系？

答：你也知道，2005 年的一次大选，穆巴拉克原本说容许反对派参与，开放选举，作为埃及民主化的第一步，怎知他一再食言，我们便发动“受够了”运动，广邀各派各阶层人士参加。从那时起，我

埃及革命诗人尤素福

们在想，要找个有分量的人在下届大选中抗衡穆巴拉克。巴拉迪成为首选，因他的国际声望、丰富经验和在国内的知名度，当然也加上他一直关注埃及民主，我们便找上他，花了很多个无眠的晚上游说他，成立了属政党型的“全国变革协进会”（National Association for Change, NAC），为巴拉迪挑战穆巴拉克的总统计划铺路。

问：不过，听闻你和巴拉迪已分道扬镳。这与2010年年底国会选举，巴拉迪没有回到埃及亲身号召反对派杯葛选举有关吗？

答：对，我们的确拆伙了，原因只能说是人各有志。至于巴拉迪那次选举没有回来，他的解释是无论他在国内国外，他都没有忘记推动变革，何况变革是由众人来推动的，不应把焦点放在他一个人身上。

问：可是，不少评论却指巴拉迪缺乏委身精神，未能团结反对派。回想 2010 年初他回到开罗，反对派各路人马在机场簇拥他的热闹情景，再与同年底国会选举，他没有现身，在海外也对选举不发一言，这令人有一种太大落差的感觉。你们也感失望吗？事实上，也有埃及人认为他长期在外，不利他的参政之路。

答：失望在所难免。我们也认为，如果他能长期留在埃及会更有效推动民主。无论如何，他始终是埃及世俗阵营的一个重要人物。

问：你会离开 NAC 吗？个人有什么动向？

答：我与其他战友会参与共同创立另一个组织“公义党”（Justice Party），但不算是离开 NAC，因“公义党”由多个政治组织组成，这包括 NAC，巴拉迪的妹妹也是成员。

问：现在的埃及，山头林立，互相斗争，特别是世俗派，外界形容为一盘散沙，你同意吗？

答：我们经历了半个世纪的独裁统治，如今初嗅到自由的空气，大家都有很多话要说，有很多事情想做。我得承认，这里每个人都在学习民主。但现在的问题是，很多人以为广场就是他们可以解决民主和生活难题的地方。

问：革命爆发之时，你也是广场之子？

答：走进广场的一刻，乃是我一生中最难忘的时刻。数以万计的群众在呼欢，久候的黎明终于来临。望着那一片人海，我忍不住哭了。2011 年 1 月 25 日，是埃及人值得骄傲的日子。

问：如是者，你对埃及社会由团结走向分裂，有何感想？例如世俗派与伊斯兰主义者之间的嫌隙愈见扩大。

答：或许，我们当初太乐观了，以为最多花一至两年便可以顺利过渡至民主政体。我看，现在最主要的问题，就是革命后没有很快处理新宪法。军方接替穆巴拉克临时执政期间，迟迟不愿成立制宪议会，先草拟新宪法厘定权力分配与政体架构，再进行国会及总统选举。结果是先选举，再由国会组成制宪议会，最后由于权责不分而弄出很多纷争、冲突，遂引致政治动荡不断。

问：你父亲卡拉达维（Yusuf al-Qaradawi）是位德高望重的伊斯兰学者，也曾是穆斯林兄弟会创办人阿班纳（Hassan al Banna）的忠实追随者。2011 年初他重回埃及，受民众欢迎程度不减当年，有人形容他是埃及的霍梅尼（Khomeini）。看看伊斯兰主义者成为民主选举的大赢家，你认为在塑造新埃及政治生态的过程中，伊斯兰会扮演重要的角色吗？

答：把我父亲视为埃及的霍梅尼，太夸张了吧！不要忘记，埃及革命缘何而起。不是因为要复兴伊斯兰，而是人民追求政治自由与经济正义，这是最明显不过的。穆斯林兄弟会获高票数，是由于他们的基层地区工作扎实以及资源优势，这两方面都把世俗派比下去。毕竟，信仰不及经济利益来得实际。不要让我父亲受欢迎的程度转移了你的视线。

问：你也认为经济不公是革命主因之一，民主可解决经济不公吗？

答：至少一般老百姓在社会上应拥有自己的声音，可影响政府、监察政府的声音。不然，老百姓无法宣泄诉求，便诉诸非正常途径甚至暴力。社会有公义才可有真正的稳定，而民生是关键。因此，我们的“公义党”主要政纲也偏重民生的重建，这包括就业、教育、房屋、医疗等，目的是希望让老百姓在民主中得益，这样才可巩固埃及的民主。

问：有趣的是，当我采访选举时，听到有不少选民表示，他们对伊斯兰经济有期待，认为可把经济领域带往较公平的方向。

答：但穆斯林兄弟会令他们失望了。兄弟会在政治改革上不如人意，在经济上也没有新思维。当执政者所实施的政策未能为人民带来福祉，便要接受人民把你推下台。

问：有批评者更认为伊斯兰主义者执政会为国家带来灾难，他们想的只是如何推行伊斯兰化议程，必须加以制止，甚至应当排斥之，以恢复原初革命的精神和理想。这令世俗派与伊斯兰主义者进一步势成水火，如此局面将为社会带来什么影响？

答：我不同意这种威胁论，太简单也太武断，这只会制造仇恨。我相信每个政治组织都有它不完善的地方，需不断改进，回应社会的需要。要知道，埃及是个以穆斯林为主的社会，这是我们生活的一部分，如何能排斥？事实上，在过去的反对运动中，穆斯林兄弟会曾是我们的伙伴。至于革命的精神，正在于包容、对话、团结，共同推动一个公义的社会。只有大家学习在一个民主架构里良性竞争，才会为新埃及探索出一条可行的道路。

问：你受到过父亲的影响吗？

答：我很尊敬他，但我也有自己的看法。

【个人档案】

尤素福（Abdul Rahman Yousif），生于1970年，知名伊斯兰学者卡拉达维的第三个儿子。少年时代在海湾国家卡塔尔度过，回国后以诗人身份积极投身民主运动。他的诗作富有阿拉伯美学风格，亦具有社会性，作品发表在埃及以至阿拉伯地区报刊。他亦经常以诗评论社会事务，主持电台和电视台节目，深受大众欢迎。代表诗作有《血书》（*The Bleeding Letters*）、《我没有什么可输掉的》（*I Have Nothing to Lose*）、《书写明天的历史》（*Writing the History of Tomorrow*）等。

新自由主义摧毁了埃及

——访埃及经济学家易卜拉欣·欧尼沙威（Ibrahim Elesawy）教授

问：大家都说，发生在今年年初的埃及反政府示威，人民不仅要推翻穆巴拉克这一位独裁者，还要对恶劣的经济状况喊出最有力的控诉。外界对此可能感觉很奇怪，埃及过去数年都能够维持高经济增长，为什么人民到最后却因为生活困境而走上街头、闹起革命呢？

答：事实上，在这场埃及革命里，声音甚为纷陈。最初反政府示威由年轻人发动，他们认为自己是社会的受害者，没有工作、缺乏社会流动、看不见前景。从数年前开始，他们当中有不少人参与了工运，与同受失业威胁的蓝领工人站在一起，矛头直指穆巴拉克所服膺的西方新自由主义政策。

问：我去过拉丁美洲，该地区也因新自由主义带来的灾害闹了一场革命。我们都知道，新自由主义自八十年代开始，随着全球化成为世界的主流经济意识形态。埃及的新自由主义究竟是怎么一回事？

答：新自由主义在埃及也是亲西方政策的主要部分。埃及开国之

埃及经济学家欧尼沙威

父纳赛尔将军奉行社会主义，再加上民族主义和其亲苏态度，成为西方的眼中刺。他逝世后，副手萨达特上台，一反纳赛尔的立场，自1978年“戴维营协议”后，他转而靠向西方，与以色列签下和约，从此订下埃及发展的基调。1981年当穆巴拉克接替遇刺身亡的萨达特，新自由主义也随着里根与撒切尔夫人上台而正式登上世界舞台。他们希望透过中东的代理人，打开资源丰富的中东市场，主要的手段就是把新自由主义根植于该地区，即鼓励开放国内市场、调低税率、削减公共开支、私有化产业、提升资本的流通度等。

问：有趣的是，为了改善形象，八十年代美国结束对拉美军人独裁政权的支持，转而向该地区推行“民主计划”，伴随“民主计划”而来的便是新自由主义经济政策。但在埃及，美国过去却一直支持独裁的穆巴拉克，即使新自由主义经济政策正处于高峰。为什么美国不积极向埃及推销“民主计划”，一如在拉丁美洲？

答：美国很清楚，民主可以赋予新自由主义一种合法性。但对于埃及，他们并不热衷，因为中东的情况与拉美不一样。考虑到中东地区的恐怖活动与以色列的安全，美国不轻言在埃及谈民主。这样，埃及的新自由主义便变成为一个怪胎，一个被称为“威权新自由主义”(authoritarian neoliberalism) 的矛盾怪胎，它与民主国家的新自由主义有点不一样。

问：可否视之为“国家资本主义”？

答：有点类似，但不尽相同，埃及有其独特的情况。穆巴拉克是美国在中东地区重要的代理人，每年获巨大数目的援助，共约十三亿美元之多，军方是最大的受益人。他们从支持美国的军事行动，到支持美国的自由经济，而且亦逐步走进经济领域，成为庞大的经济利益集团。记得 2007 年埃及发生骚动，老百姓抢面包，军方最后以派面包平息老百姓的怨愤，原来他们也是粮食供应商，连面包店也经营了。对于埃及老百姓来说，军方是隐形的总统。但可堪玩味的是，穆巴拉克过去企图独揽经济利益，财富流入他整个家族手中，引起军方不满。在这次反政府浪潮中，军方最后离弃穆巴拉克，其实并不稀奇，说穿了就是“利”字当头。

问：他们究竟如何利用新自由主义“自肥”？

答：这得从头说起。新自由主义作为一种经济意识形态，在八十年代的埃及逐渐成为主流，但外债仍然高筑。到了1991年，美国向埃及宽免外债，同时要求穆巴拉克依国际货币基金组织建议，进行经济结构调整，这就是改革税制以吸引私人投资、把公营企业私有化、大幅削减福利等。这种所谓"休克治疗"除了引发社会动荡外，我们也必须看到，埃及的私有化其实是个骗局。统治阶层的王亲国戚早已各就各位，窃取国产。

问：前黎巴嫩财政部长乔治·柯姆（Georges Corm）也指出，在这个不以当地百姓利益为依归的扭曲体制里，中东地区便出现了庞大的"官商勾结"，而且牵动全球的利益，这就是中东地区的寡头政权，和与阿拉伯石油财团有着复杂关系的欧美跨国企业，共同谱出的"窃国政治"（Kleptocraties）。在寡头政权与美国合力推动的自由经济下，私有化扮演重要的角色，这正好为既得利益者提供了窃取国产的良机。

答：对，就是这样。在2004—2008年间，埃及政府出售大批公家银行，结果国际金融大鳄掌控了埃及的金融体制。走在开罗市中心，你会看到很多由外资接管的金融机构，随之而来的就是热钱流入，到处收购便宜的东西，股市上扬，建构一片虚假繁荣，GDP维持7%的高增长。当时，我已提醒政府，这些数字只制造了海市蜃楼，并未能让民生受惠。

问：政府如何回应你的提示？

答：没有什么回应，他们太沉醉于美丽的数字。当然，他们是既得利益者。未几，政府又取消对外资投资本地房地产市场的限制，使得这个旅游胜地进一步成为全球房地产投机炒卖之地。美资投资银行高盛旗下基金便参与其中，以7000万美元入股埃及一家豪宅发展商Palm Hills Development SAE。在2004至2009年期间，埃及乃是中东与北非地区的投资胜地之一。

问：加强投资环境本不应是坏事？

答：问题在于政府的政策。穆巴拉克政府对外资完全不设限，没有红利税，并取消投资资本最低要求，外资自由进出。结果，2009年当油价下滑、热钱游走、跨国企业撤资，倒头来谁最得利？他们既没然有在埃及制造可持续性的就业机会，又没有让埃及的贫穷得到改善、经济结构得到调整，引来无止无尽的罢工示威。

问：首先发起这次反政府示威的“4月6日青年运动”，便是因在2009年4月6日支持工人罢工而得名的。那么，这可谓是一场穷人运动、工人运动吗？

答：其实，这是一场全民运动。连中产阶级也出来了，他们是新自由主义政策的受害者，他们正在贫穷化，看不到出路。正如我前面所说，埃及的新自由主义是个怪胎，人们没有发言权、参与权，大部分财富集中在统治阶层手中，特别是穆巴拉克的家族。

问：人民都在受苦？

答：只要看看统计所显示，最低贫穷线下生活的人，由2008年的10%上升至2010年的21%，而2010年生活在最高贫穷线者更高达40%至42%，政府却说只有20%左右，我敢大胆挑战他们这个数字。再者，

2010 年埃及食品价格上升了 30%，但政府仍然要削减粮食补贴。

问：最后，你对这次人民带动的变革有何期待？

答：我期待埃及人民不仅只追求简单的民主外衣，而是也看到新自由主义的祸端。改变，应从实质的民生开始。

【个人档案】

易卜拉欣·欧尼沙威（Ibrahim Elesawy），英国牛津大学经济系博士。现为埃及国家计划局（Institute of National Planning）教授，埃及知名专栏作家。

反颜色革命策略

——专访突尼斯伊斯兰复兴党领袖赛义德·法扎尼(Sayyed Ferjani)

历经2011年一场波澜壮阔的阿拉伯起义行动后，第一个举行民主大选的阿拉伯国家突尼斯，伊斯兰势力抬头，伊斯兰复兴党在大选中成为大赢家，接着是埃及，即使利比亚也出现伊斯兰主义占优势的现象。国际媒体对此议论纷纷，西方担忧革命后的阿拉伯世界逐渐伊斯兰化。笔者走访突尼斯，专程访问了伊斯兰复兴党领袖赛义德·法扎尼。

问：伊斯兰复兴党在大选中以大比数胜出，让西方忧虑突尼斯的世俗化政策能否延续?民主是否会受到挑战?

答：西方的忧虑再一次显示出他们的双重标准。他们口口声声支持民主，并认为民主首先就是一人一票的公正选举。好了，现在突尼斯终于有民主大选，而且这一次的大选有国际观察团监督，过程公平公正。当我们突尼斯人正在为自己的民主表现感到骄傲之际，西方却大呼担忧。而他们的担忧，只不过在于胜出的政党不符合他们的胃口。

突尼斯伊斯兰复兴党法扎尼

其实，他们无权质疑我们的选择，这样做就表示对我们的自我管理能力没信心，有损我们的尊严。讽刺的是，这些挂着民主招牌的西方国家，对我们的选择一点都不尊重，那么，他们又如何跟我们讨论民主的精神？

问：突尼斯人民这次的选择，是否正好反映了他们对西方过去一直支持本·阿里的不满？而这亦是伊斯兰复兴党胜出的原因？

答：本·阿里过去三十年的独裁统治，都有西方的支持。外界赞赏他的世俗化政策，但这些世俗化政策都是为了讨好西方世界，由上而下做出强迫性的执行。例如女性不能戴头巾，男性不能留长至颈项的胡子；不可在清真寺内做长时间停留，不然便会被视为恐怖主义的嫌疑者，受到扣留问话；学校也不设祷告室，企图打压伊斯兰信仰。

甚至可以说，本·阿里的世俗化政策是反伊斯兰的。突尼斯是个拥有多数穆斯林人口的伊斯兰国家，因此，我们会取得胜利，你们不应感到奇怪。

问：既然如此，伊斯兰复兴党上台后，是否会逐步推翻本·阿里过去执行的世俗化政策?

答：我们所要推翻的其实是本·阿里的专政，是他由上而下强加于人民的生活信仰方式。我们会赋予人民真正的自由选择，世俗还是宗教的生活，悉听尊便。最重要的是，大家必须学习互相尊重，这是我们民主的第一课。可是，外界总是对我们疑神疑鬼，散布传闻，指我们会推行伊斯兰律法(sharia law)、强制妇女包头巾等等，这都是恶意中伤，破坏我们的民主发展。要知道，突尼斯新政府的组成，有来自世俗派的，也来自伊斯兰组织的。而新总统蒙塞夫·马佐基便是世俗派政党“共和议会”(Congress for the Republic)的领袖，我们彼此都明白，只有团结才能重建国家。我相信，突尼斯将是阿拉伯民主的典范。

问：对你而言，民主的基石在哪里?

答：公民社会。公民社会是民主的基石，我们必须去维护其独立性。当公民社会垮了，民主也垮了。

问：你提出这点非常有意思。事实上，不仅革命后的突尼斯，埃及在革命后的公民社会也发展迅速，非政府组织(NGO)如雨后春笋。可是，接掌过渡权力的埃及军方政府对这些非政府组织十分敌视，甚至视其中一些组织如外国间谍，指控他们接受西方资助，为西方服务，使得公民社会与执政者的嫌隙不断扩大，矛盾涌现。究竟怎样才能维护公民社会的独立性，让真正的民主好好运作？

答：你说到埃及，我也想表达一些看法。在民主的制度里，不仅宗教与政治分家，军政也必须分家。我希望埃及军方会逐步把权力交出，协助建立平民政府。幸好突尼斯没有这个问题，军方只管国防，不涉政治。去年的革命，就是军方没有听命于本·阿里向人民开枪，军方受到人民尊重，致使突尼斯的革命相对和平，我们所付出的代价也比较少。而埃及的问题，就是社会太分化……

问：你也相信外国势力已渗透到埃及社会？

答：我不敢说，但我一直支持埃及人的民主诉求，而西方欲夺回在埃及以至整个阿拉伯世界的影响力，也是意料之中的事。不过，我在英国曾度过了二十多年的流亡生活，知道西方介入别国的伎俩。除了战争外，他们最常用的方法，便是透过资助当地的NGO，企图左右当地的发展，以配合西方的利益……

问：就好像近年发生在中亚和高加索等地的颜色革命？

答：我不大了解那里的情况。不过，我想出一套策略，可以确保公民社会的独立性，就是鼓励公民社会建立一个独立组织，专门统筹资源的运用。如果外国有NGO或其他私人机构欲做出捐献，他们必须清楚说明其用途，要用做扶贫、援助妇女事务或儿童教育。然后把款项交给负责统筹的独立组织，由它们依捐款者的意愿，把捐款分配到相关的机构或团体，而捐款者亦会定期收到进度报告，以确保捐款被善加运用。这样便可防范捐献者挂羊头卖狗肉，并无法直接干预某组织的工作方针，进行反革命工程。你认为我这套策略如何？

问：据我所知，日本也有类似的做法。但，你可否告诉我，政府与你所说的公民社会独立组织将有怎样的关系？

答：绝对没有关系。政府绝不可试图参与或影响公民社会的运作，而我所说的独立组织，也是由公民社会自发筹款建立、营运。政府唯一的角色，就是订立框架，如此而已。

问：你会向新政府建议你的策略吗？

答：事实上，我们党内正在讨论这个方案。

问：在国家重建的过程中，除了公民社会这个重要的角色外，你认为最艰巨的难题是什么？

答：当然是经济，这亦是我们党内讨论得最热烈的议题。事实上，突尼斯当前的问题，不是意识形态，而是经济。大家都明白必须齐心协力打拼经济、解决严重的失业情况、改善社会贫富不公。不然，突尼斯人可是会再来一次革命呢！

问：你们的信仰会影响到你们对经济发展的方针吗？

答：伊斯兰的精神讲求公平。本·阿里过去一味吹嘘经济增长、炫耀数字，造成南北贫富差距。还有，他所推动的自由经济，其实是寡头经济，让他的家族和少数大企业得利，贪污横行，黎民百姓则水深火热，这才引发革命。因此，推动经济发展不应忘记公平。我们继续开放经济、欢迎外资之余，也希望探索社会经济的可能性，例如合作社模式的社区经济，让老百姓有更大经济主导权。但我必须强调，我们不会就此漠视私有的市场经济，它仍是突尼斯经济的支柱之一。

补记：法扎尼的继任人萨米尔·迪卢（Samir Dilou）进一步释述复兴党的理念，他说："我们并不想要一个神权国家。我们追求的是一个为自由理念所塑造的民主国家。人民将决定他们自己怎么生活……我们不是伊斯兰主义政党，我们是一个尊奉《古兰经》原则的伊斯兰政党。"迪卢还说，复兴党视土耳其为处理政教关系的典范，并把复兴党的伊斯兰民主理论比作意大利和德国的基督教民主理论。

【个人档案】

赛义德·法扎尼（Sayyed Ferjani），突尼斯伊斯兰复兴党发言人。上世纪七八十年代因大力批评本·阿里的夺权手段与对穆斯林的高压政策，先后多次受监禁虐待，1987 年流亡至英国，定居伦敦，并加入当地的英国伊斯兰协会，后成为该协会秘书长，在海外支援突尼斯伊斯兰复兴党。2011 年 1 月本·阿里下台后，随即返回离开了二十多年的祖国，积极参与政治。

突尼斯：政治的春天，经济的寒冬

——专访突尼斯共和议会创党人法蒂·杰尔比（Fathi Jerbi）教授

突尼斯是第一个掀起阿拉伯革命的国家，当她正昂首踏入民主进程之际，内陆多处却相继发生罢工潮，工人不满沿海与内陆的不平衡发展未有改善，失业与通胀居高不下。经济危机成为革命国家的头号敌人。若经济无法与政治同步前进，恐革命亦无法开花结果。笔者带着这些问题，在首都突尼斯，专访突尼斯第二大党共和议会（Congress for the Republic, CPR）建党领导人之一法蒂·杰尔比，他同时也是突尼斯大学经济学教授。

问：我一来到突尼斯，共和议会的党徽最为吸引我，一副圆而大的红色眼镜。宣传海报中众多年轻人全都戴着这副眼镜，给人一种活力与希望的感觉……

答：哈哈！我们的党主席蒙塞夫·马佐基年轻时就是爱戴这副圆而大的眼镜，年轻党员为了表达他们对马佐基的爱戴，建议以此为党徽，并用红色代表创新。

突尼斯共和议会领导人之一杰尔比教授

问：党的名称也很特别……

答：顾名思义，我们就是期待在突尼斯建立真正的共和精神，人民享有参与管治国家的平等权利。共和议会其实早于2001年成立，由一群专业人士和人权活动家共同创建，马佐基本人便一直活跃于人权领域，后不见容于本·阿里政权，主要的创党人纷纷流亡到巴黎，包括马佐基。直至本·阿里下台后，我们才有重见天日的感觉。

问：革命后的第一次国会大选和平进行，共和议会成为第二大党，而第一大党竟是伊斯兰复兴党，在这个一直推行世俗化政策的伊斯兰国家，伊斯兰派系成为政坛主导力量，外界都感惊讶，原因何在？

答：政党要看其政治动员能力，政治动员能力则看你所拥有的资源。其实世俗化的突尼斯也是个伊斯兰国家，外界不用惊讶，最重要的是权力的分配是否以人民利益为依归。

问：现在伊斯兰复兴党愿与两个世俗政党分享权力，组建联合政府。你认为这个联合政府是权宜之计，还是什么？

答：现在三大政党都各占重要职位。伊斯兰复兴运动党的哈马迪（Hamadi Jeballi）出任总理，我们的党主席马佐基出任总统，劳动自由民主阵线的穆斯塔法·本·贾法尔（Mustapha Ben Jaafar）出任国会议长。但这个联合政府不是权宜之计，我们希望可以在伊斯兰国家发展出一套新的政治体系模式。世俗政党也好，伊斯兰政党也好，我们都拥有共同的普世价值，两者不一定敌对，而是可以合作的。

问：可是，在其他阿拉伯国家，例如埃及，一样经历革命过后，正处于民主制度建立的过程中，但伊斯兰派系与世俗派系却斗争剧烈，人们害怕革命反而让伊斯兰主义者借机夺权。

答：突尼斯在阿拉伯世界更应扮演一个示范的角色，我们有迫切建立共容的政治模式，更何况我们正面对后革命时代的严峻经济。我们深知，没有稳定的政治便没有经济的发展。最重要的是革命释放出很高的民众期望，可是另一方面革命却又吓跑了不少投资，游客也大幅减少，市况萧条，这可谓是我们为革命所付出的经济代价。如果我们不尽快走在一起，清除前政权所遗留下来的贪腐文化，改善国家经济，社会便会分崩离析，革命理想化为乌有。

问：前一天我刚去过国会，国会门前仍有一大批失业者在抗议政府未能为他们纾解困局，他们主要是年轻人。看来，新政府对此也一筹莫展，是吗？

答：年轻人成为高失业率时代的最大牺牲者，乃是全球的现象，这归咎于过去三十年生产饱和，而突尼斯的大学教育普及化，大学生毕业等于失业，挫败感很大。大家都知道，政府不可能一下子就解决失业问题，但联合政府已拟好对内谋求增加就业的目的。他们承诺到2016年时将为这个1000万人口国家创造59万个工作机会。

问：如何能履行这个承诺？目前突尼斯的失业人口已接近20%，三十岁以下的失业者更高达37%。国会门前的失业示威者对我说，他们快饿死了，不知还可以等多久。你认为这是政府最大的挑战吗？

答：不，政府所要面对的重大挑战还有很多呢！例如通胀，这让失业惨况加剧。但在前总统本·阿里逃往国外后，我们一群经济学家翻查过去的经济数据，发现有很多与事实不符，都是伪造的。这可真令我们太头痛了，我们无法掌握国家的经济实况，那又如何厘定政策？因此，当务之急就是重整经济数据。

问：过去外界一直认为突尼斯的经济表现在北非最好，本·阿里虽独裁，但至少带领国家迈向现代繁荣之路。因此，当突尼斯带头闹起革命，几乎所有评论家都摸不着头脑。难道以前的繁荣都是幻象、都是做假数据？

答：可以这样说，本·阿里只是在做他的粉饰工作，他很懂得讨好西方国家，大推世俗化政策之余，又向他们开放市场，与国际资本大做生意，但得益的都是他和他太太的家族，他们的家族垄断了国家近80%的企业，裙带之风相当严重。突尼斯人私下早已形容，本·阿里政权俨如一个庞大的黑手党，只手遮天。国际传媒没有看到这点，又或故意不去谈论，只集中在他的西化形象与自由市场，把突尼斯形容为“北非明珠”。其实，在他治理下，社会早存在深刻的矛盾，人们认为生活尊严受到剥夺，难怪这场突尼斯革命被视为尊严与自由的革命。

问：我也留意到，当我在南部采访时，四处张贴的海报只写上尊严与自由，竟然没有提及民主，这与外界的想象很不一样。

答：法国大革命的口号乃是自由、平等、博爱，没有包括民主，因为民主只是一种手段，自由、平等、博爱才是人类追求的目标。对于突尼斯人，尊严至为重要，这包括工作赋予生活的尊严。

问：作为一名经济学家，面对国家的经济灾难，你有什么建议？

答：首先从根治贪腐入手，好让人人有平等的机会。现在的高通胀，可谓是过去的经济贪腐一手栽种的，突尼斯中央银行难辞其咎，他们协助本·阿里太太家族大洗黑钱，因而推高了物价。原本全球通胀已相当严重，突尼斯由于经济贪腐更是雪上加霜。我认为，突尼斯中央银行应该去政治化，独立、透明而受监察。此外，我们也必须一改过去的经济政策，寻找公平又可持续发展的模式，特别是过去只集中于沿岸的旅游业、地产项目，造成了沿岸与内陆地区的不平衡发展，内陆的制造厂被边缘化。政府有必要大兴土木，强化内陆的基础建设，活化当地经济。要知道，内陆失业人口十分严重，革命也是由那里开始。换言之，新政府谋求增加就业、控制物价、提高居民购买力、增加对贫困家庭补贴、重视落后地区发展；对外则积极寻求外援，谋求欧盟和海湾国家援助，以及重组债务结构。我有信心，突尼斯可以建立一个新的政治模式，一样可以成功寻找一个新的经济模式，人民需要给政府一些时间。

【个人档案】

法蒂·杰尔比（Fathi Jerbi）：在本·阿里统治时代已参与反对运动，以敢言见称。后于2001年与其他知识分子和人权活动家共同创立“共和议会”，后发展成为突尼斯第二大党，他同时也是突尼斯大学经济学教授，为革命后新政府的经济顾问。

“我们不是个可参考的模式”

——专访土耳其女作家毕格蒂·乌素娜（Buket Uzuner）

2013年6月，土耳其67个城市爆发大规模的连锁性反政府示威，其导火线虽然只是民众抗议政府，一意孤行将一个公园改建成商场，不过，警方对示威群众残暴的驱离手段，令民众对执政长达十年的总理埃尔多安所积压的不满情绪一泻而出，他们指责总理越来越趋独断统治。外界不禁将它与北非革命联想到一起。土耳其也会卷入革命浪潮吗？问题是，“土耳其模式”曾是北非伊斯兰地区迈向民主的参考模式。

我在伊斯坦布尔访问了毕格蒂·乌素娜，畅谈土耳其种种问题，特别是妇女的困境。她是土耳其当代文学界最有名的作家之一，被视为下一位帕慕克，她有可能会为土耳其拿下第二个诺贝尔文学奖，而她的代表作凑巧地与帕慕克得诺奖的作品名称类似，名为《伊斯坦布尔人》（*Istanbullu*）。

乌素娜是作家也是时评家，经常在媒体发表评论，笔锋辛辣，性格突出，她也因此给我留下了深刻的印象。

土耳其作家乌素娜

在朋友的介绍下第一次见她，在一间高级餐厅里，她一坐下即侃侃而谈，我还未准备好聆听，她已经说完一个故事，之后望着我问："你在听吗？我认为你没有，但我不重复说了。我刚才告诉了你一件非常重要的事，政治上很敏感，我猜国家安全局正在窃听我。"

跟着她检查了一下手机。我有点不好意思，也觉得她太直率。只因为当时还有几位朋友在，大家正忙于互相介绍，我一时分了神，没想到她可以一坐下即入正题。我不敢怠慢，专访随即展开。

问：为什么国家安全局要在监视你？

答：你有所不知，执政的发展正义党（AKP）虽表示会改变土耳其的世俗政策，但他们所推行的法例却愈来愈伊斯兰化，对妇女尤其不利。我不讳言，我是位妇女解放分子，一直公开批评AKP，他们自然对我不满，正由于我的言论有一定的影响力。更何况作家在政府眼中被视为国家的敌人，现在的情况也不比过去好很多。最近有两名记者因出书被抓，但书还未出版呢！

问：看来表面开明的土耳其也有其言论的禁区？

答：对，这个禁区令我们很不安。随着AKP势力坐大，正如我刚说过，这个政府开始推行具伊斯兰色彩的法规政策，例如禁止夜间卖酒、对妇女打扮诸多限制。令我气愤的是，政府将“妇女及家庭事务局”改为“家庭及社会政策局”，企图使妇女隐没在家庭里。政府亦逐步控制媒体、关押记者，甚至不时利用宗教力量煽动群众，以此铲除异己。我看到AKP的做法，与土耳其国父凯末尔（Mustafa Kemal Ataturk）的共和国理念渐行渐远。

问：你是位敢言的女作家，刚提到土耳其政府对妇女的政策，与我们的认知实在有落差。可否让我们了解一下土耳其的妇女问题？

答：可能你也不相信，在土耳其，差不多一半的妇女经常受到暴力对待，特别是家庭暴力。这可归咎于政府不仅没有好好促进性别平等，反之加剧这个不平等，女性未能受到尊重。过去几年AKP执政期间，妇女遭虐待的数字竟上升了百分之一千四百之多。

问：我们作为外人，可能只关注土耳其执政党的外交政策，即使关注其内政，也鲜有主动认知该地的妇女权利……

答：没错，你们只留意 AKP 是否能维持高经济增长，可是在近年当经济出现高增长之际，妇女权利却一步步受到压力。要知道，妇女占土耳其人口 42%，差不多一半，我们手上都有选票，政府不应忽略我们。

问：那你有什么行动计划？

答：我继续用笔鞭挞，唤起外界的关注和土耳其妇女的觉醒，直到“两性关系平等法”确立为止。

问：除了时评，你还会透过小说去反映这个问题吗？

答：我正有一个写作计划，已经做了好几年资料搜集，主人公是两位母女，我会透过她们来反映社会文化与妇女地位之间的关系，当中我还会加入土耳其的神秘文化传统如何影响土耳其人的人生命运观，并塑造了其人际的关系。

问：这听来很有趣。我知道土耳其深受伊斯兰古老教派苏菲派的影响，这个教派颇有神秘主义的色彩。在帕慕克的《伊斯坦布尔》一书，其中一章的大标题叫“呼愁”，觉得中文翻译很有诗意，原来这词就是来自苏菲派。土耳其的“呼愁”究竟是怎么一回事？

答：“呼愁”在土耳其语叫 hüzün，意指忧伤，是土耳其非常独特的文化词汇。它的其中一个传统出自苏菲的神秘主义思想，他们认为生命的失落与忧伤源自不够靠近真主阿拉。不过，对土耳其人而言，忧伤乃由于失落于辉煌的帝国历史里，并感受到过去与现在的一段无法挽回的距离，因此涌现“呼愁”的强烈感觉。

问：如此说来，土耳其人对传统是挺怀念的。我还以为土耳其人可以很西化……

答：因为你在伊斯坦布尔，伊斯坦布尔在土耳其是与众不同的，她是一个矛盾混血综合体。现在的 AKP 政府企图把这个国家拉到传统去，这是没有可能的。

问：你的作品《伊斯坦布尔人》就是描述这种角力？

答：对，伊斯坦布尔人的内心角力，从而塑造出这座充满颜色的城市。

问：有趣的是，我还留意到，伊斯坦布尔街道上那一双双的"蓝眼睛"。

答：哈哈！这是土耳其人十分地道的文化饰物。"蓝眼睛"被视为可以辟邪的护身符。一个由玻璃石头造成的圆圆眼球，颜色是海水的蓝。

问：为什么是这种颜色呢？

答：这由于土耳其位处地中海，并处于欧亚大陆的交汇处，有阔长的海岸线的关系吧！土耳其人可能感到，这样被蓝色拥抱着，我们的命运与蓝色已分不开。蓝色，就是我们的守护之神。

问："蓝眼睛"是否来自一个传说？

答：是的，"蓝眼睛"是有个传说故事的。在土耳其语中，这饰物叫做 Nazar Boncuk，已有两千年的历史。话说在很久以前有一头肥牛在一位富翁家门口经过，富翁对妻子说："今天，我没有看见比这头肥牛更美妙的东西了。”当富翁紧盯住这头肥牛，这牛倒地毙命，他的妻子便把肥牛肉割下来带回家。当人们知道这故事后，啧啧称奇，纷纷认为肥牛死在富翁的“嫉妒的眼神”下。其后土耳其人总结“嫉妒的眼神”是可怕的邪恶力量，最容易伤害小孩、美女和在社会上脱颖而出的人，因为小孩弱小，而美貌和成功都容易招人眼红。为了保护自己不受“嫉妒眼神”的伤害，土耳其人选择了“蓝眼睛”来招架。他们相信，“蓝眼睛”化解“嫉妒的眼神”，当“蓝眼睛”爆裂开时，灾难也跟着消失。

在我构思中的下一部小说，便是以“蓝眼睛”开始。我很想解构一下，传统怎样一直影响着我们，即使在现代的土耳其。

问：我看帕慕克的小说，也有这个追寻。外界指你是下一位帕慕克，那你怎样看待自己的写作志业？

答：我认为作家很难互相比较！帕慕克是位走纯文学路线的作家。我始终相信文字的力量，而我的文字也情不自禁地介入了政治。这可能由于我希望透过写作为社会带来一些好的改变。因此，我写作的目的就是面向大众，我期待大家都可看懂我的作品。

问：我知道，你的《伊斯坦布尔人》也有漫画版。

答：哈！没错。我不介意我的作品通俗化，如果这样可以接触更多读者的话。

问：你也很喜欢旅行，你有另一著作便叫《在路上》(*On the Road*)。旅行与写作对你来说，是怎么一回事？

答：我的工作令我有很多机会去旅行。我爱思考自己的文化，也爱研究别人的文化，然后去领悟共通的人性（humanity），旅行正好为我提供很多探索的空间。除了文化外，这也包括政治与经济。

问：那你怎么看待“土耳其模式”？这即指拥有巨大影响力的军人集团隐身民选政府背后，扮演“守夜人”角色，当伊斯兰政党有抬头之势便出手，以确保现代民主的运作。要知道，有人说埃及，包括那些军方有特殊历史角色的中东国家，可参考“土耳其模式”。更何况埃及军方的影响力，已渗透到埃及社会政治经济各个层面，形成一个特殊的利益群体。大多数埃及人至今仍认为军方是埃及最后的仲裁者。如何处理军方的角色是革命后的埃及一个大难题？

答：我们不是个可参考的模式。埃及人想继续活在警察国家的状态里吗？我不认为土耳其有现代民主的精神。要活出现代民主的精神必须军政分家，这是一条漫长的道路。

【个人档案】

毕格蒂·乌素娜（Buket Uzuner）：土耳其当代文学界最有名的作家之一，著有《伊斯坦布尔人》（*Istanbullu*），被视为下一位帕慕克，同时也是时评家，经常在媒体发表评论，笔锋辛辣，性格突出，为土耳其妇女运动代表。

南方的声音

——与菲律宾学者瓦尔登·贝洛（Walden Bello）的访谈

远在天边，近在咫尺。我们一直关注西方的声音，原来发展中国家已逐渐形成自己的一股力量，而菲律宾著名公共知识分子瓦尔登·贝洛更成立了“全球南方焦点”（Focus on the Global South），带动南方的声音，影响深远。贝洛近年致力解构国际金融危机与全球化现象，而他的“脱全球化”建议更引发整个亚洲公共知识界的讨论，我在台湾对他做了一个访谈，从他的成长、菲律宾政治生态到亚洲在全球化中的角色等，言无不尽，好让读者了解这位在南方世界深具代表性的另类人物。

问：我们虽然同处一个地区，面对类似的发展困惑，但遗憾的是，大家却又如此陌生，有不少中文读者可能会问，究竟贝洛是谁？听说你的名字“瓦尔登”也有一个故事？

答：哈，是的。我父母爱阅读，特别是对美国作家梭罗（H. D. Thoreau）的作品，尤为着迷。他们为我改名为瓦尔登，原来也是来

来自菲律宾的南方声音瓦尔登·贝洛

自梭罗的一部著作《湖滨散记》(*Walden*)。而梭罗本人在世时处于美国十九世纪资本主义成长阶段，他一直和平对抗其眼中的非人化制度。

问：不仅是你所奋斗的理想，你的背景也与梭罗相似，你们同是来自中上阶层，接受良好的教育，但毕业后却选择站在弱势的一边，你跑到菲律宾南部民答那峨当地一所学校服务，并初次接触少数民族的社会运动。其后在大学任教，专门研究菲律宾的社会结构与行为模式，当时正值学运高潮，矛头指向独裁的马科斯，听闻你的研究成为了学运中人追求改革的蓝图，是吗?

答：其实，当时，即七十年代初，还有拉丁美洲的解放神学对我们起了启蒙的作用，我的视线很快转移到该地区的社会主义发展。与此同时，菲律宾反马科斯运动一发不可收拾，我在海外声援，结果被打入黑名单，不能回国，遂展开漫长的二十年流亡生涯。我一方面在美国普林斯顿大学做研究、一方面投身这场波澜壮阔的运动中，怎知竟被美国政府控告，锒铛入狱，我在狱中绝食抗议，结果美国当局承受不住国际压力，将我释放。

问：你有一本书叫做《发展的灾难：世界银行在菲律宾》，在 1986 年甫一推出即大受欢迎，但却被马科斯政府列为禁书，原因何在？

答：当时马科斯正要把世界银行大部分的贷款据为己有，阿基诺等反对派也把矛头直指马科斯与世界银行的关系。而我秘密搜集罪证达三千页，并闯进世界银行在华盛顿的总部，力陈是非；大家对我此一举动感到目瞪口呆，成书后更引起全国轰动，世界银行甚为尴尬，马科斯则想将我置于死地，只可惜到头来阿基诺被暗杀。

问：不过，马科斯也因此很快倒台了，阿基诺夫人上台，你之后以什么方式继续参与社会？

答：马科斯垮台后，我返国在菲律宾大学任教，并于 1995 年与印度经济学家马尔霍特拉（Kamal Malhotra）创办“全球南方焦点”。该组织乃针对 1995 年 1 月 1 日诞生的世界贸易组织（WTO）而成立，我们主张第三世界应有一个关注全球化的非政府组织，来监察 WTO 和跨国企业过分膨胀的权力。

问：听说你在 1997 年亚洲金融风暴之前曾对泰国做出过警告，

是吗?

答：1997 年前，我们早建议泰国走出亚洲四小龙发展模式，但当时亚洲四小龙太受推崇了，被视为亚洲发展典范，大家争相模仿。可是，1997 金融风暴正是从泰国展开，自此泰国经历了多次危机，从经济到政治，现在回想起来，真是百般滋味在心头。从菲律宾到泰国，当中有多少可分享的经验？我把分析收集到我的另一本著作《暹罗的悲剧》里，或许对理解目前泰国乱局有所帮助。

问：大家知道，你可算是 1999 年西雅图反 WTO 运动的启蒙导师，你为“脱企业全球化”提供了理论与实践。你的革新之路乃是采用非暴力手段和非政府组织运作模式，而这也是你一生的志业。不过，你可否先谈谈你对全球化的看法？

答：过去的全球化实属全球资本扩张的成果，那些新自由主义的国际推手把资本主义推向极致，这反而加深了全球资本主义的危机。仅从 1997 年和 2008 年的金融危机来看，资本主义的问题不断恶化，社会贫富两极化，地域发展日益不均。因此，“全球南方焦点”提出“脱全球化”，即摆脱由国际资本主导的全球化；尝试推行的另类全球化运动，即去中心化，提倡多元理念，把新自由主义从神坛拉下来，建立“安全、平等、团结”的全球治理新范式。

问：可否详细解释一下你的“脱全球化”建议及其可行性？

答：我所提出的“脱全球化”便是迈向另类空间的起步，这包括十一个重要领域：经济从外销市场转向国内市场生产；活化社区与国内生产；贸易政策不能伤害地方经济和地方生产；使收入与土地分配公平化；强调生活品质及和谐环境；关注农业与工业的环境技术；扩大人民对经济决策的参与；加强公民社会对私有部门和国家的监督；强化社区合作社、私人与国家企业之间的合作；区域经济合作组织优于具主导性的国际金融机构等等。事实上，“脱全球化”的主张不是新的概念，早在三十年代凯恩斯就用了以上方案拯救自由贸易所带来的经济萧条。世界贸易组织阻挠发展中国家制订自主的工业政策，根本是要扼杀第三世界的生机。因此，世界银行的角色也需弱化，由区域金融机构取代，活化地区经济与地方生产。总之，去中心化、多元主义、丰富地方生产与交换、减少全球性经济干预，让草根组织与民众运动自主决定经济政策，让跨国经济性组织权力弱化，就是“脱全球化”的具体目标，而知识分子在当中所扮演的角色实在是责无旁贷。

问：作为一名公共知识分子，你的确有介入社会的丰富经验。现在，你更从政，以“菲律宾公民行动党”（Akbayan）党主席的身份，刚赢得选举，连任菲律宾国会议员。好了，来到比较敏感的话题，你怎样看待东盟十加一，以及中国的角色？

答：我对菲律宾等小国成员国感到忧虑，他们是否会受到剥削与边缘化？我希望中国可以拿出大国的胸襟与视野。在此，我们必须多加讨论和给予更多的关注。我认为，公共领域的讨论尤为重要。

【个人档案】

瓦尔登·贝洛（Walden Bello），菲律宾著名公共知识分子，在菲律宾大学任教，“减债连线”主席，“食物第一”委员会成员，“全球化国际论坛”成员，同时参与“菲律宾资源中心”的工作。现为“菲律宾公民行动党”党主席、菲律宾国会议员。1979 年，他和澳洲反核人士海耶斯（Peter Hayes）和扎士凯（Lyuba Zarskey）等人成立“鹦鹉螺号”组织，监督能源政策与亚洲政治，同时开始注意美国在亚太地区的军事部署。1995 年成立“全球南方焦点”（Focus on the Global South）。

另一个世界是可能的

——专访奇科·惠塔克（Chico Whitaker）

面对由美国纽约国际金融大本营华尔街的贪婪所引发的全球金融风暴，大家终于忍无可忍，从“占领华尔街”运动到近千个城市响应，行动者共同思考：哪里出了错？另类全球化一再提上议程。我在台北专访了“世界社会论坛”创办人奇科·惠塔克，他同时亦被视为另类全球化运动的重要思想家。

问：惠塔克先生，闻名已久。2002年，巴西工人党领袖卢拉（Luiz Inácio Lula da Silva）当选巴西总统，听说你是他背后的主要智囊，是吗？

答：我想你对我的背景也略有所知吧！我的一生就是一页斗争的历史。从五十年代我还在大学主修城乡规划时，便已积极参与社会运动。六十年代，拉美解放神学对抗军事独裁如火如荼，我与卡玛拉主教（Helder Camara）、教育家弗雷勒（Paulo Freire）成为解放神学运动的旗手。我的主张令当权者饱受威胁，因此在1966年遭巴西军政

巴西世界社会论坛上的惠塔克

府流放，我只好带着妻儿逃往巴黎。军政府结束后，我和家人返回巴西，转投工人党活动，认识卢拉，并肩为基层打拼。当时，我们这样想，工人也应参政，以民主手段夺取权力，落实一己的理念。其后我们便为此目标共同努力。除了我之外，还有很多人，我们在大选中的确打了漂亮的一仗，但这亦是民心所向。

问：卢拉执政期间创造了巴西奇迹，你同意吗？

答：完全同意。卢拉在巴西原本赤裸裸的资本主义制度里，成功引入了社会主义的元素，大幅改善低下层的生活。但在另一方面，他又能在政策中平衡资本家的利益。最有趣的是，他当政后，把工会领袖都延揽到他的政府去服务，工会运动一时间变得低调了，甚至没有什么声音，资本家不就可以放心投资了吗，哈哈！

问：但你却没有加入卢拉政府，反而很快便退出他的团队，创办另类全球化旗舰“世界社会论坛”。你对他不满，要与他对着干？

答：不不不，到现在我对他仍然很尊敬，而他也相当支持我的工作，我们是好朋友，更是好战友。只不过，我这个人嘛，不适合当官，当官会浑身不舒服。其实，在1986到1996年间，我曾代表工人党获选为圣保罗的市议员。卸任后，我感到自己更适合留守民间，做出贡献。

问：我知道，“世界社会论坛”是冲着“世界经济论坛”而来的，可否谈一谈你的看法？

答：“世界经济论坛”是由富强国家组成的，其核心目标便是推动资本主义全球化。但资本主义发展到现在，如脱缰之马，只讲自由，没有公义可言，这自然引发反弹声浪。1998年在西雅图举办的世界贸易组织会议，遭到反企业全球化人士大规模抗议，我认为这是人类意识的重要觉醒。但抗议过后又怎样呢？我一直希望为另类全球化这个社会运动提供理论基础，而当时，我正酝酿着一个全球性论坛的概念，让大家有个思想撞击的平台。到了2001年，我想正是时机便宣布成立“世界社会论坛”，并在巴西阿雷格里港（Porto Alegre）举行了第一届会议，日期刻意选在“世界经济论坛”开会那天，有心与它打对台，要与资本主义抗衡，“反支配”的讯息很强。

问：事实上，自冷战结束后，资本主义是主流，可谓支配了整个世界……

答：准确一点是新自由主义，资本主义的变种，它更有野心，要打造一个“世界公司”，大家臣服于脚下，以加速富强国家对贫穷国家的剥削。柏林墙倒下是现代历史的分水岭，自此世界被资本主义一个逻辑掌控着，我们考虑财富积累多于人性尊严、鼓励彼此竞争多于聆听包容、民主即等于多元消费选择、政府为大企业服务、金钱胜于良心价值。但世界不应只有一个逻辑，不然就是判了人类社会死刑。看！现今的世界沦为只是一个庞大的生产工厂及消费市场。在不停生产和消费的循环中，人类真正的需要被抹杀了，大家只为资本家创造最高的利润。

问：德国已故社会学大师韦伯形容资本主义是个铁笼，人一旦跳进其逻辑之中便很难跑出来。你有破解这一铁笼的良方吗？

答：每个人必须有尊严的生活，并非仅透过消费生活，应该从人的角度，而非以金钱的角度看待人，开创有别于资本主义的社会。前英国首相撒切尔夫人高喊：除了资本主义，人类并没有另外一条路（There is no alternative）！但，我相信：另一个世界是可能的（Another world is possible）！我感恩的是，这个口号已唤醒不少人，寻找另一个世界的可能性。

问：这个口号的确很有感染力。可是，口号归口号，你有更具体的计划方案吗？

答：这不应只看我有何方案。我觉得，大家的参与是很重要的。自“世界社会论坛”成立以来，每年都吸引不少人来参加。第一届就有来全世界共四千名代表、一万六千名个人参加；第二届则有一万五千名代表、三万五千名非代表的个人参加；2003 年的第三届，参加者更高达十万人。之后的每一届世界社会论坛，参加人数都超过十五万人。我们或许仍未能立即提出具体详尽的方案，但我们已踏出第一步。现在，大家都在自己的地区成立了地区性的社会论坛。例如“亚洲社会论坛”将会于11月在孟加拉举行。

问：今年“世界社会论坛”已进入十周年纪念，但有批评者说，你们仍然缺乏运动的具体目标及运动的效能不彰等，你如何回应？

答：嘿，有一点要弄清楚的，“世界社会论坛”作为一个空间（Forum-as-space）而非运动（Forum-as-movement）。它有别于金字塔形的结构，属于水平性网络，论坛中没有任何阶级或指导单位，也就没有斗争，同时亦没有选举，因为选举是一种分裂的方式，少数必须服从多数，但往往少数都受到忽略，所以我不认同用选举做出任何决定。最重要的是制造自由开放气氛，以开拓多元的思想空间，在这空间里互相尊重、互相学习，发挥合作精神，以实践公民社会的理想，论坛结束时也不会出现结论或宣言。而我期待的，乃是各参与者回到自己的地方，可以把理论结合到当地情况，有足够的勇气做出行动、推动改革。

问：你怎样形容“世界社会论坛”在另类全球化运动中的角色？

答：思想的工厂，行动的孵化器。

【个人档案】

奇科·惠塔克（Chico Whitaker），1931年生于巴西，一生致力于社会运动。1966年流亡到巴黎，在巴黎期间曾负责训练第三世界公务员，担任联合国教科文组织顾问，被派往智利的联合国经济委员会工作，后又回到巴黎参与反压迫运动者的国际经验交流计划。1982年巴西军政府结束后，他返回巴西，加入工人党，先是创立圣保罗的失业者团结协会，之后在1986年成功推动"公众参与修宪"计划，未几获选为圣保罗的市议员。1999年，他透过组织全国反贿选联盟，促成反贿选法的立法工作。2001年创立"世界社会论坛"。2002年，他成为卢拉竞选的主要智囊之一。2006年，他因毕生致力于社会正义和强化政治民主，而获颁有"另类诺贝尔奖"之称的"正确生活方式奖"（Right Livelihood Award）。

后记

心里的瘟疫

我希望读者读完这本书后，就好像与我到过现场一样，拨开云雾，北非人民的呐喊如此真切，对南欧的印象亦不再只是一堆“剪不断、理还乱”的债务数字。

记得这次地中海之行中的一趟火车之旅，我倚在窗边，美丽又荒凉的景色在我眼前缓缓而过，而我，此时正一页页翻看加缪的《鼠疫》。

这是这位已故伟大法国哲学家兼文学家的经典之作，经典之为经典，就是能历久常新，可以抵御时间的冲击，由于它们反映了人类生存状态的永恒命题，所以无论哪一个年代，都一样引发共鸣。

这部作品，中学时曾读过一遍，书一直保留着，从旧书箱里找出来时，全书已发黄，我吹一吹书面上的尘埃，此时，从屋外透进来的阳光，就好像一条长长的隧道，尘埃在这条阳光隧道中乱舞，过去与现在交缠。

啊！加缪先生，你又站在我面前了。不，他正坐在我的对面，同一班列车，我们看着窗外一样的景致。

他身上一袭惯常黑得神秘的长外衣，衣领竖起，几乎把下巴遮盖了。多少风霜，俊朗的脸庞却扭曲着，他突然转过头来，向我说："我们每个人心里都有瘟疫；没有一个人，这世界上没有一个人是免除得了的。"

这是《鼠疫》书中那位记事者的好友塔霍所说过的名言。

好一句"我们每个人心里都有瘟疫"。

十年前（2003年）那一场SARS，有人与《鼠疫》比较之，甚至相提并论。《鼠疫》以第三者的身份，描述一场黑死病，如何逐步威胁某一个城镇里居民的生命，以及人怎样面对疫症的恐惧，还有官僚互相推卸责任而显露种种丑恶的脸孔。

其实，这书的主题不在于一则疫症故事，而是有关信仰和价值。书中的军人的确染上了瘟疫。可是，这瘟疫不是生理上的疾病，而是心理上的恐惧与自以为是的无知。

加缪描写了人在灾难下所涌现的瘟疫心态，那就是自私、恐惧、分离、禁锢，甚至到最后可悲地习惯于麻木，就像书中受瘟疫煎熬的奥兰镇居民，过一天算一天，没有真正的思考……

"我们的生活有太多的无奈，我们无法改变，也无力去改变；更糟的是，我们失去了改变的想法。"

在第一章我便引用了柏拉图以上的一番说话。真正绝望的，就是我们因循苟且，丧失"反抗"的热情。

"历史上黑死病和战争一样多；而它总是和战争一样出现在出乎意料的时刻。"

老实说，我们这几年间不也正是经历着一场政治和经济的瘟疫吗？！

瘟疫的来临或许毫无预警，但不是无迹可寻。从希腊到西班牙，又从突尼斯到埃及，我一边游走，一路观察，上至商贾精英，下至寻常百姓，地中海两岸不再只是个地理概念，而是大家相连的命运，同样面对生存与复苏的抉择。

正如加缪半个世纪之前所要质问的，难道我们如以往般自我中心，让荒谬的事情相继发生，愚蠢的事情继续上演？

窗外的阳光不经意泻进火车箱里，睁开迷糊的双眼，加缪先生已远去，但他留下了一个正面的讯息，就是人类团结的力量，必能驱赶心中的瘟疫，解决困难、度过困境。

这就是我们面对命运之神的嘲弄，仍没有失去改变的想法。

在危机重重的地中海，春天还会远吗？一路走来，能够让我在寒冬里可以发问一句的，就是当地人民仍没有失去改变命运的想法。

希腊的基斯度（Christo）、西班牙的劳卡（Rok）、埃及的阿积宝（Ahmed Abdrabo），还有突尼斯的塔力德（Tarek Mabrouki），他们都是我在采访里交上的年轻友人。从他们对不公不义的顽强抵抗中，我嗅到了春天的气息。

在写作过程中，我经历多番折腾，出版也因各种原因延后，最终的出版日期竟然在深冬。而南欧的经济在2014年下半年再次陷入新一轮危机，最要命的是俄罗斯面对油价暴跌，经济严重下挫，这对欧洲不无进一步打击，当全球秩序大洗牌之际，老百姓生活更是水深火热；而中东地区的冬天早已降临。

无论如何，我仍然把此书献给那些勇敢走出前路的年轻一代。没错，冬天已经来到了，但只要我们抱有觉醒，彼此靠近，心中的瘟疫岂能肆虐？！